大腦開發

每天1分鐘專注力鍛鍊

池田義博 著

呂盈璇 譯

專注力是一切的解答

做事提不起幹勁，
一點小事就忍不住煩躁，
一下子就被其他事分散注意力，
無法長時間專心做一件事，
很難好好讀完一本書，
對自己的記憶力沒有信心，
經常粗心大意犯錯，
總是在正式上場時失常。

上述這些問題，全都是某項能力低落所導致，
那就是——「專注力」。
如果你也有過類似的經驗，專注力低落肯定會讓你無法發揮原有
真正的實力。但反過來說，專注力一旦提高，過去辦不到的事現在做得

到了，再也不會老是被時間追著跑。

這是因為專注力是所有能力的基礎。

世界上固然有如記憶力、想像力等五花八門的各項能力，但若無法將專注力聚焦在最該優先處理的事上，要發展任何能力根本是緣木求魚。專注力，可謂主宰一切能力的「能力之王」。

深度專注必備的「某項能力」是什麼？

那麼，怎麼做才能提升專注力呢？

以下的幾個例子，據說對提升專注力很有效果，不知道各位是否聽過？

- 讓某些事變成為習慣。
- 重視睡眠、飲食並適度運動。
- 周遭不擺放任何會分散注意力的物品。

當然，上述這些雖然都跟提升專注力有關，但是卻很難讓人做完後實際產生「專注力真的變集中了」的感覺，縱使有效也很花時間。光靠這些要進入到深度專注的狀態，其實是有難度的。

「深度專注」意指一個人沈浸於嗜好裡，或是讀一本書讀到渾然忘我，絲毫未察覺時間流逝的一種心智狀態。「感受不到時間流逝」

是全神貫注時的一項特徵，這種狀態被稱之為「心流」，此時最能發揮極致表現。不過，剛剛舉的投入嗜好跟閱讀的例子，都是出自於做這些事的當下覺得開心有趣，自然而然進入到深度專注的狀態而非刻意，它並不是你需要時或一定得做某件事時，隨時能召喚出來的能力。

試想，如果能將專注力一口氣拉高且有意識地進入心流，那豈不是太棒了？這麼一來肯定能發揮超越過往的實力。而且，只要運用這項人人都擁有的能力，即可順利進入到心流狀態。

專注力強的人
擅長操控「意象空間」

如果要調查「哪位名人擁有很強的專注力」，我想應該不少人會提起締造最年輕五冠王紀錄的將棋棋士藤井聰太，或美國大聯盟職棒選手大谷翔平吧。我認為他們能站在各自領域的舞台上發光發熱，憑藉的不光是努力及才華，還必須擁有高度的專注力。

這兩位成功人士的專注力有個共通點，即便將棋跟棒球看似八竿子打不著，但事實上他們進入專注狀態的方法並無二致。「進入專注狀態的方法」說的正是在腦海中靈活操縱「意象空間」，讓意識真正進入而創造出專注狀態。

這究竟是怎麼一回事？

藤井棋士在對弈時目視棋盤，大谷選手站在打擊區目視投手，同一時間他們腦海中的「意象空間」會根據記憶及經驗，搜尋可能解決眼前課題的對策。根據一項於美國加州大學洛杉磯分校（UCLA）

醫學院、腦造影中心進行的實驗發現，當大腦中想像產生的意象動起來時，大腦前額葉皮質區的活動度也隨之提高。前額葉皮質有「大腦指揮塔」的別名，事實上，前額葉皮質也負責掌管人類的專注力。

這意味著當一個人在大腦中想像著某事物，並讓它動起來時，專注力也同時發揮作用。雖然棋士與棒球選手從事的活動截然不同，但兩者運用意象空間的方式與進入深度專注的過程，幾乎是一模一樣。

藤井棋士在對弈時，會先親眼掌握實際盤面狀況，隨後讓意識在意象空間內自由移動，以當下的盤面模式為基礎，從大腦記憶庫搜尋因應對策。接著一邊參考對策，一邊在意象空間內移動棋子檢討其可行性，得出最佳對策後，才真正下那一步棋。

大谷選手進入專注狀態的過程也很類似，他首先會觀察對方投手的動作模式，與此同時，瞬間從儲存在意象空間裡的龐大資料庫中，搜尋符合當前狀況的相

關資訊，再針對球路進行預測，找出因應當下最佳揮棒角度後，才真正揮棒出擊。

可以想見，這種意象空間運用自如的能力，或許與藤井棋士自幼接受蒙特梭利教育，及從小玩到大的立體拼圖跟詰將棋（將棋的殘局練習，類似「數獨」遊戲）有關。大谷選手兒時經常與曾為羽球選手的母親打球，還有他高中時填寫過的「目標設定九宮格」，或許也有助

於提升專注力。

事實上大谷選手曾在一次專訪中提及：

「認真說起來，我事先在腦中思考後，通常會表現得比較好。比起什麼都不想，就直接站上投手丘，我覺得事先在腦中排練過，決定好隔天在牛棚（後援投手練習區）該做什麼之後再上場，更能讓我抓到感覺。」

正是因為他們對意象空間的操控十分嫻熟，才能發揮如此精彩的表現，進入意象空間可發揮超乎常人的極致專注力。換句話說，只要鍛鍊自己進入意象空間，以及靈活操縱意象的技巧，自然能養成高度專注力。

其實，每個人都擁有像這樣的意象空間。

全心全意沈浸在自己嗜好時，大腦裡交相排列組合帶來的那抹靈光乍現，或是眼睛讀到文字的瞬間，登場人物或一幕幕場景在腦海紛紛浮現，這一切的一切都發生在意象空間，這也是為何熟悉意象空間的使用如此關鍵。

三大專注力鍛鍊，養成最強專注力！

上述介紹的意象空間操控能力，我們稱之為「空間認知能力」。事實上，我能六度奪得日本記憶力錦標賽冠軍的秘密，就在空間認知能力。利用意象空間持續鍛鍊以「圖像、意象思考」的結果，不但加強了專注力，記憶力也連帶大幅提升。

空間認知能力可藉由運用下列三項能力獲得顯著進步。

第一是掌握當前狀況的能力。若能增強此項能力，即可為眼前事物的輕重緩急迅速做出判斷，釐清什麼資訊是你該專注的。我稱這種能力為「圖像辨識技巧」。

第二是提取記憶並思考因應當前課題最佳對策的能力。這項能力又被稱為「工作記憶」，本書裡我稱之為「圖像記憶技巧」。

第三則是在大腦中一邊操控意象一邊思考的能力。我稱它為「意象操作技巧」。

只要鍛鍊這三項能力，不僅能熟稔意象空間的操控，更能在意象空間悠遊穿梭。換句話說，你等於得到一扇「進入深度專注的任意門」。

本書採練習題形式，部分題目仍有求得正確解答的必要，答對了有成就感心情當然會很好，但即使答錯了也沒關係。練習的設計主要是讓讀者在過程中集中注意力，在不自覺的狀態下，自然強化讀者在意象空間裡操縱意象的能力，最終達到專注力提升的效果。讓練習效果更好的秘訣在於樂在其中，當你樂在其中，大腦會分泌一種快樂物質「多巴胺」，促進大腦認知功能的活化。

本書的書名雖然是《大腦開發．每天1分鐘專注力鍛鍊》，但並不是要求讀者「必須在1分鐘以內完成練習」，而是希望讀者們在練習最開始的1分鐘內，先遮蔽其他資訊，姿勢坐端正，持續不斷地將意識帶回到練習題上。

如果不先把其他資訊遮蔽起來，集中專注力所需的大腦資源將因此被分散，專注力培養的效果勢必大打折扣。若是姿勢不佳，又必須額外耗費大腦的功能以補正傾斜的視野，也將導致空間認知能力減半。

若能留意上述注意事項，在最開始的1分鐘只把注意力集中在練習題上，就能活化「依核」這個被視為提升大腦專注力引擎之一的區塊。依核的功能儘管強大，但可惜的是這個區塊的反應十分遲鈍，所以剛開始的第1分鐘尤其得努力拿出幹勁來，而且必須保持清醒。

基於上述種種理由，於是我設計了這本《大腦開發．每天1分鐘專注力鍛鍊》。

書中的練習題不管你是想按部就班照順序做，或想從中間開始都可以，但逐章進行的練習效果更卓越，請按照自己喜歡的步調前進。

那麼，我們趕緊開始吧！

CONTENTS

裝幀設計 五味朋代+江部憲子（Phrase）
插圖 安ヶ平正哉
內頁排版 茂呂田剛、畑山榮美子（M&K 有限公司）
校對 Puresu 股份有限公司
編輯 小元慎吾（Sunmark 出版）

本書練習題的設計目的在於透過「尋找」、「憶起」、「思考」三步驟，活化大腦以提升專注力。因此，即使讀者想到的答案與書中提供的解答範例不同，也不代表有錯。

1 章

圖像辨識練習

集中專注力的首要步驟是迅速決定優先順序，
判斷速度越快，越能拉長集中專注力的時間。

學會快速決定優先順序

圖像辨識技巧

當好幾項課題擺在眼前，要是陷入「不知從哪裡開始動手」的選擇困難，想進入到專注狀態就難了。

但話說回來，如果草草決定大致順序，不管三七二十一，先動手再說的做法其實也大有問題。畢竟每個課題狀況不同，進行方式一旦出錯，只會落得品質低落的糟糕表現。這就好比整理東西時，如果從雜物等小東西開始動手，肯定落得怎麼整理都整理不完的下場一樣。日常生活中我們永遠都在面對事物的優先順序，這與我們先仔細判斷決定好順序再動手，效率跟成果就會差很多的道理相同。

從眾多資訊中揀選重要訊息的聚焦能力，是構成「專注力」的關鍵因素。我幾乎可以肯定地說，分心的當下等同宣告注意力無法集中。所謂的「集中」意指視線及意識精準聚焦在一件事物上的狀態。

預防分心不可或缺的是面對攤在眼前的各種資訊時，先掌握整體狀況，從中找出模式、關聯性及重要性後，選出最優先處理事項的能力。只有在透過該能力縮小課題範圍後，才能利用本書前言介紹的意象空間來處理問題。

換句話說，你可以將辨識腦中資訊的「圖像辨識技巧」視為發揮專注力前的一項準備工作。

決定好哪個課題最重要，接著將意識帶入相對應的意象空間後，專注力的「按鍵」才被按下啟動。

反之，如果因圖像辨識技巧不佳，導致遲遲無法進入意象空間，那麼要發揮高度專注力只是天方夜譚，這也是為什麼「圖像辨識技巧」如此重要。

我們可以用很簡單的方式，培養自己以最快速度辨識資訊中的模式，並從中培養篩選重要且必要資訊的能力。就讓我們用玩樂的心情，透過練習學會這項重要的「圖像辨識技巧」吧！

看圖找錯

下方其中有 1 個圖不一樣，
請問是哪 1 個？

例 題

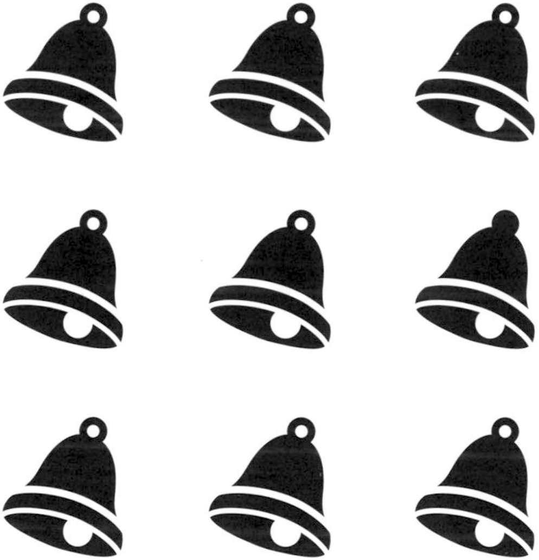

解 答

圖 像 辨 識
2

〈 有幾個立方體 〉

想一想，下圖中包含幾個立方體？

例題

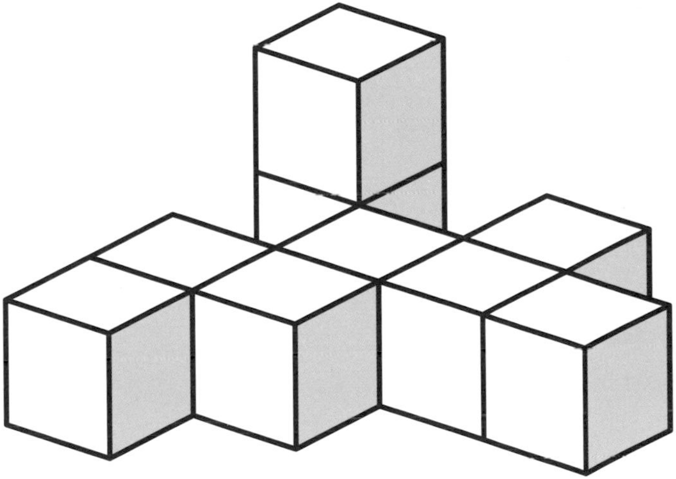

解答 **9個**

看圖找錯

左圖跟右圖對照，請找出 5 處不一樣的地方。

圖像辨識 1-②

看圖找錯

請找出 5 間與樣本形狀不同的點了燈的房子。

樣本

看圖找錯

左邊有 20 個單字，右邊則是這些單字鏡像的翻轉文字。
請找出 5 個錯誤的翻轉鏡像文字。

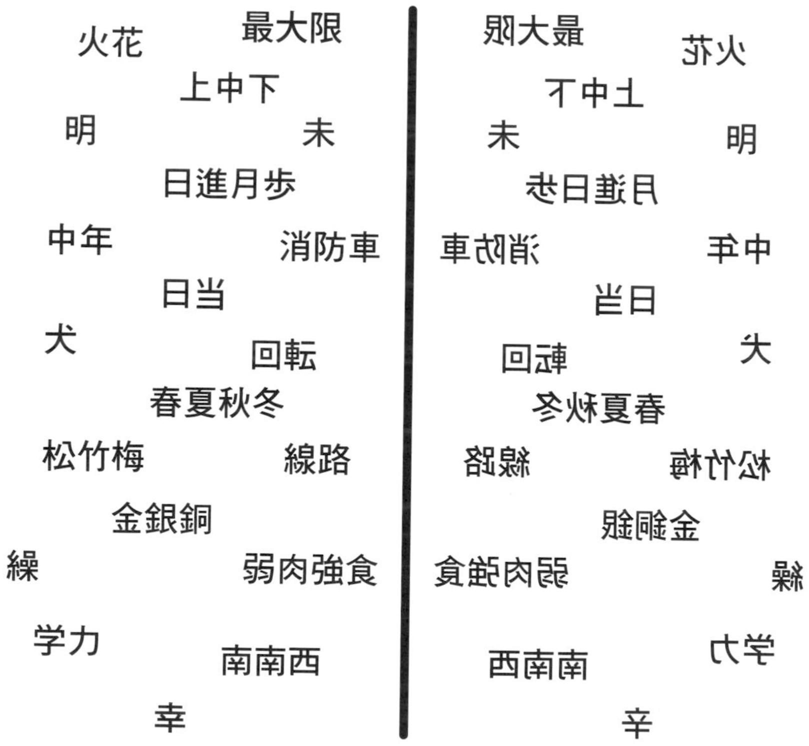

圖像辨識

1-④

看圖找錯

請從Ⓐ～Ⓕ中找出 1 張與上圖不同的圖片。

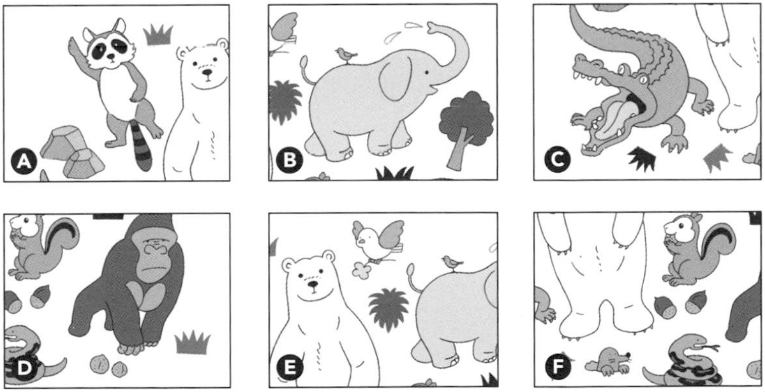

有幾個立方體

想一想，下圖中包含幾個立方體？

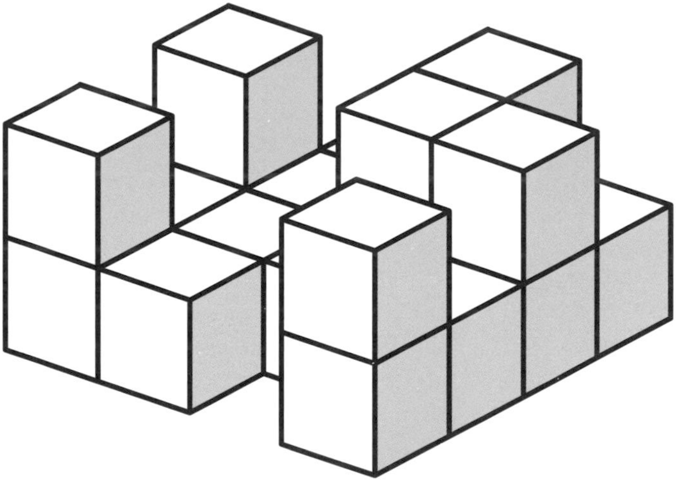

有幾個立方體

想一想，下圖中包含幾個立方體？

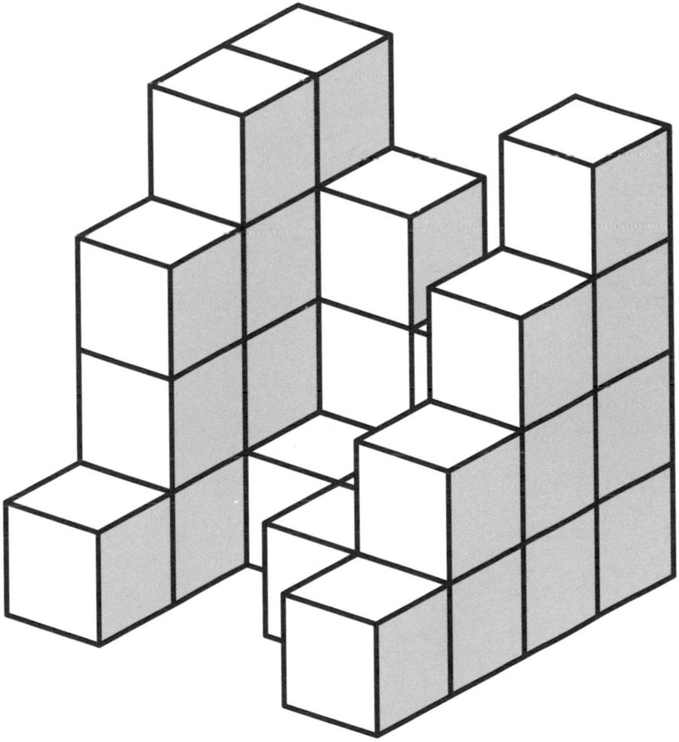

有幾個立方體

想一想，下圖中包含幾個立方體？

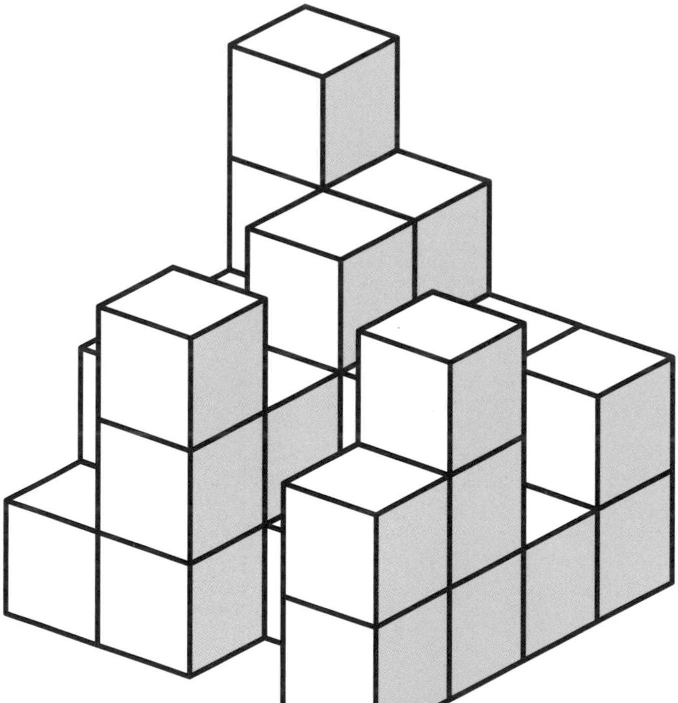

有幾個立方體

想一想，下圖中包含幾個立方體？

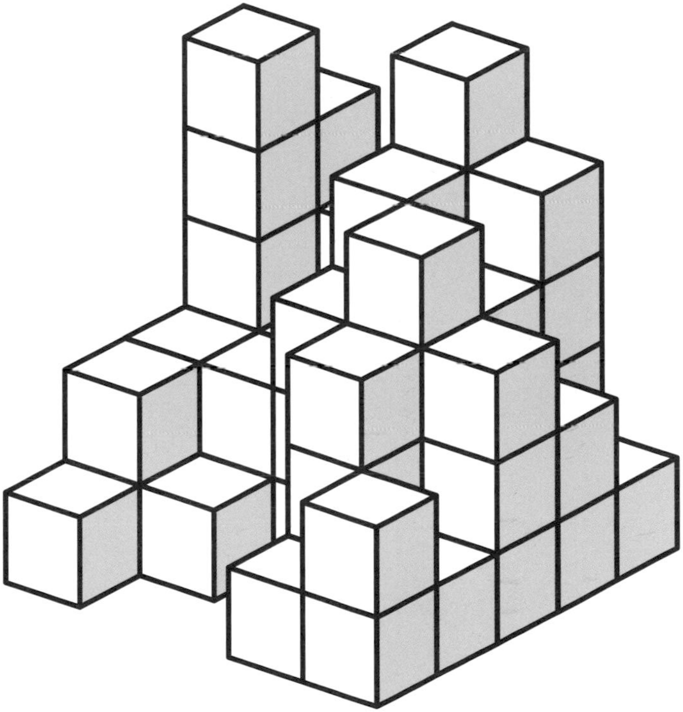

解答

圖像辨識 1

1

2

3

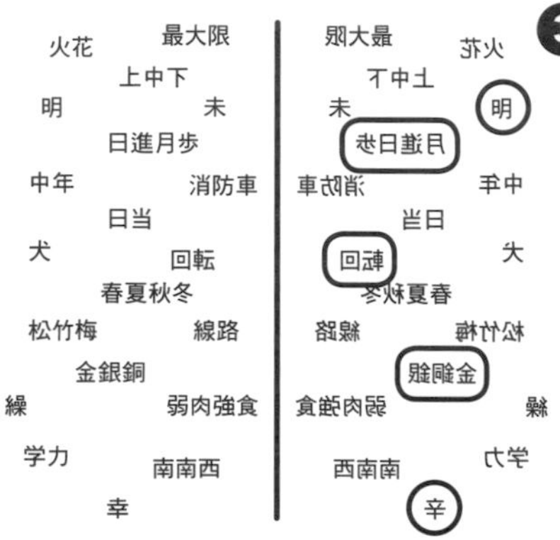

4 F

圖像辨識 2

1 20個

2 30個

3 33個

4 58個

養成專注體質
1分鐘正念練習

我想應該很多人都聽說過「正念」這個名詞。

正念原是藏傳佛教的冥想修習，後經科學證實對專注力等大腦功能，可產生正面影響的一種健康養生法。目前Google等世界頂尖企業，都陸續將正念練習引進企業內部的培訓課程中。

一聽到冥想或許有人會覺得很難而萌生退意，但做的事其實很單純，就是將現在、當下的意識持續集中在一件事上，僅此而已。不需要任何工具，而且隨時隨地都能進行。

用文字描述非常簡單，但實際操作才會發現其困難之處。因為即使自己沒有察覺，大腦本身永遠有思緒不斷湧出。想要排除心中雜念，持續將意識帶回到必須專注的對象，遠比想像中的要困難許多。

正念原本的概念，是將注意力集中在自己的呼吸上。所謂將注意力集中在呼吸上，意指吸吐時感受到鼻腔裡的氣息，以及伴隨著吐納腹部時而隆起又收縮的感覺。

冥想設定的對象不拘，只要是能讓你持續保持專注的就行，書中的練習便是把各種事物視為冥想的對象。

正念練習的過程中即使浮現雜念也沒有關係，重點是當雜念浮現時千萬別隨之起舞。就算意識一時被思緒帶走，此時只要心想「啊，原來我現在正在想這樣的事情啊！」隨即將思緒放掉即可。

本書的設計是以練習中場休息的概念，僅排定短短1分鐘的正念練習，小小練習對提升專注力效果卓越，一旦上手就可以試試看每次練15～20分鐘，養成正念練習的日常習慣。

1 分鐘正念練習

1

1. 端坐在椅子上讓脊柱伸直拉長。
2. 設定計時 1 分鐘，緩緩地從鼻子吸氣，嘴巴吐氣。
3. 「吸氣→吐氣」算一個回合，在腦海中浮現數字 1。
4. 接下來的第二、第三回合在腦海中改變數字，以此類推。
5. 若腦中浮現其他思緒，請將意識再一次帶回到數字上。

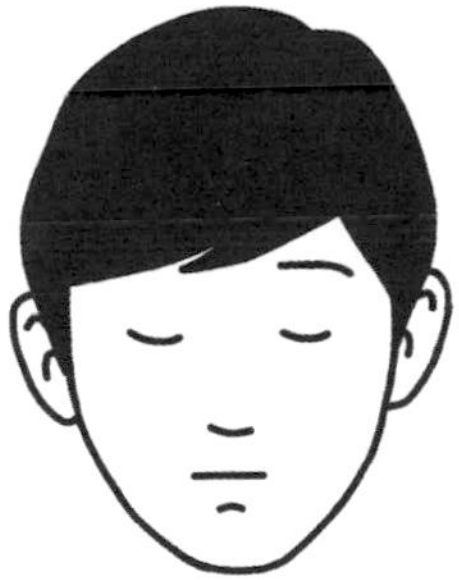

〈 重疊圖 〉

下圖包含了 3 幅線條畫。
想一想，重疊的線條各自畫了什麼？

例 題

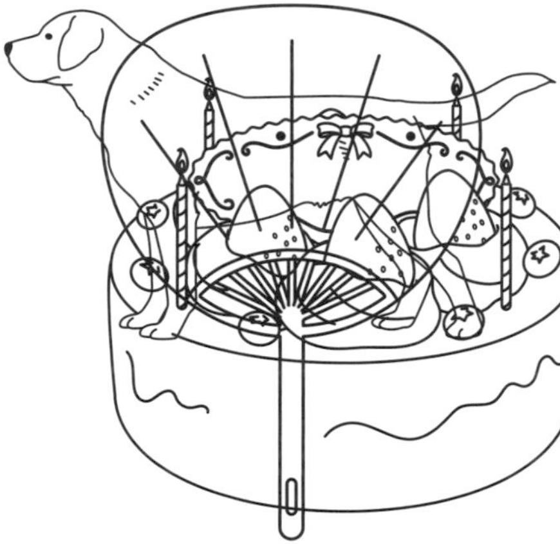

解 答

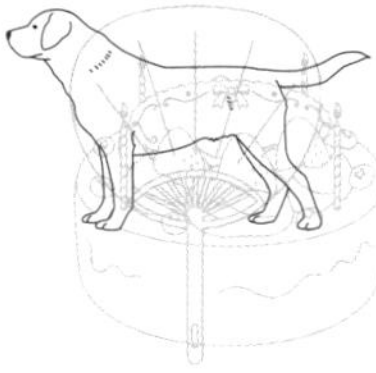

狗

團扇

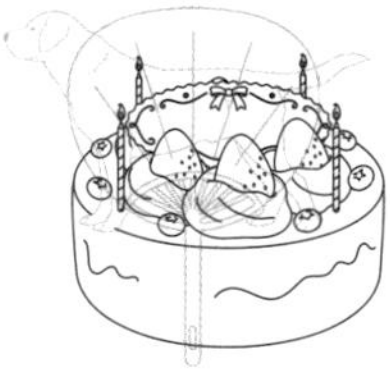

蛋糕

圖 像 辨 識

4

〈 發現規則 〉

圖形排列如下圖所示。

請找出上下圖形之間的規則，想一想「？」裡該填入什麼圖形？

例題

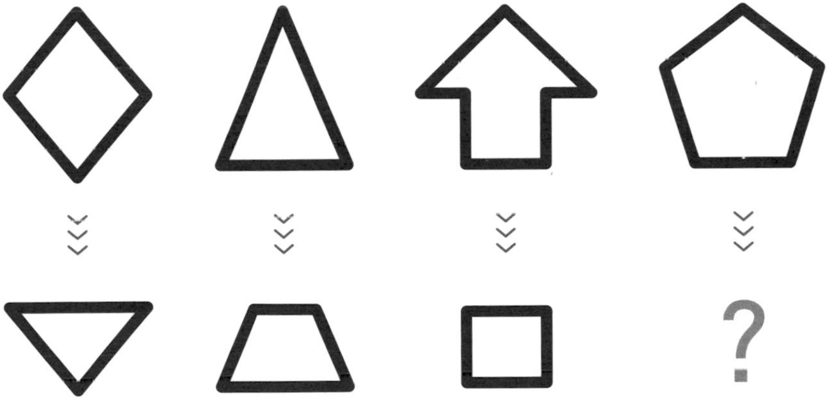

解答

重疊圖

下圖包含了 5 幅線條畫。
找找看，重疊的線條各自畫了什麼？

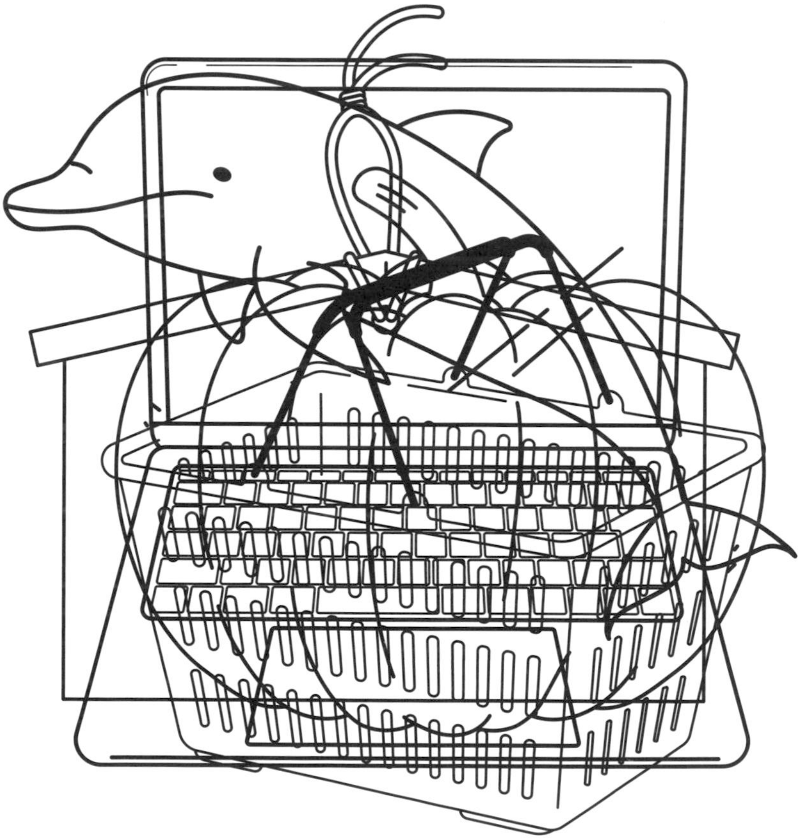

重疊圖

下圖包含了 5 幅線條畫。
找找看，重疊的線條各自畫了什麼？

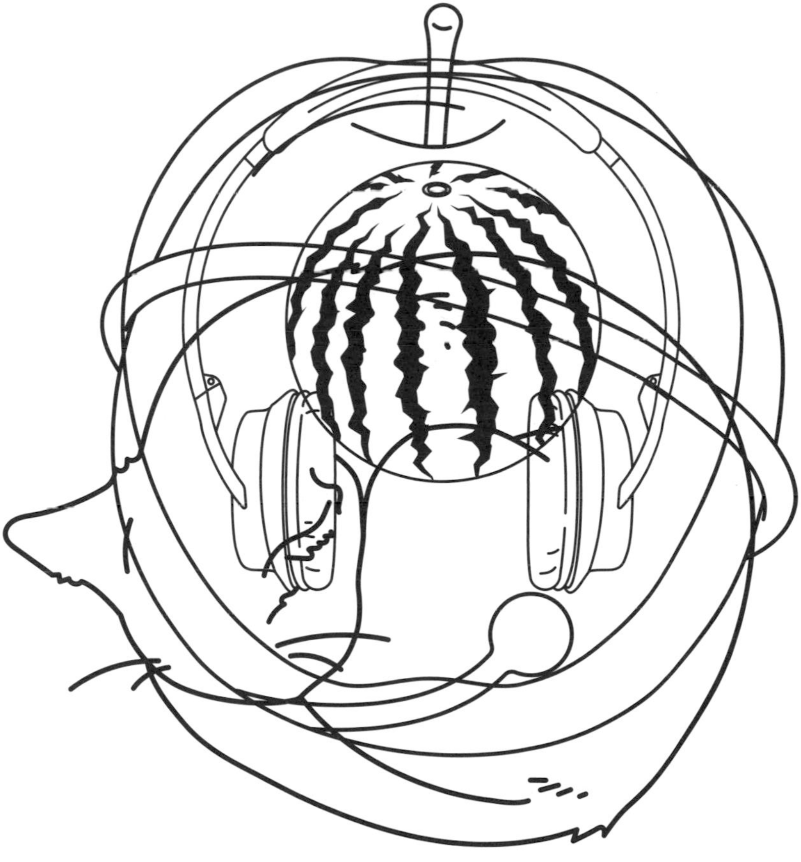

圖像辨識

3-③

重疊圖

下圖包含了 6 幅線條畫。

找找看，下方重疊的線條各自畫了什麼？

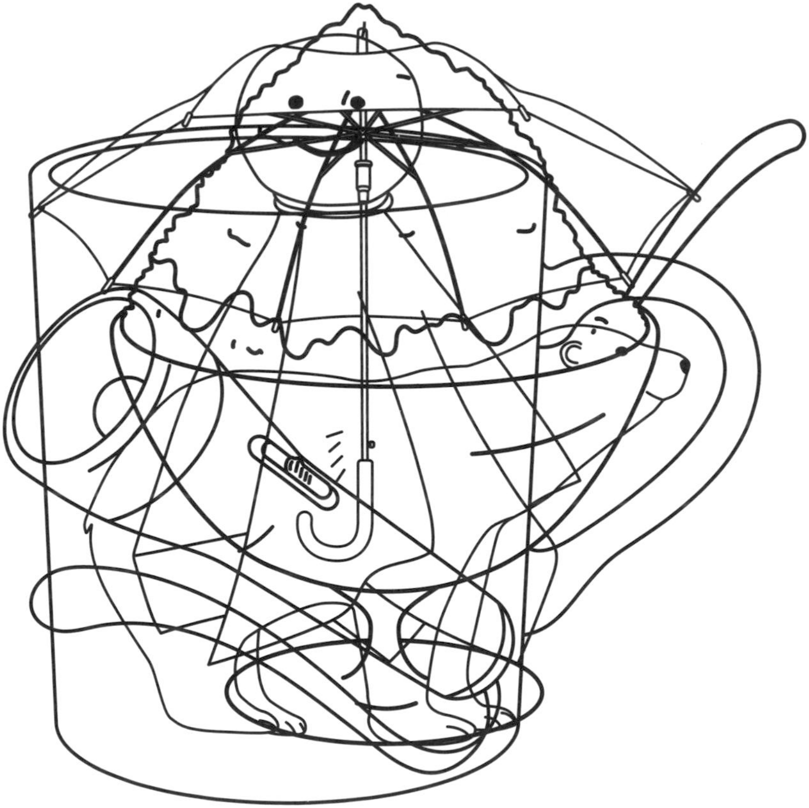

重疊圖

下圖包含了 6 幅線條畫。
找找看，下方重疊的線條各自畫了什麼？

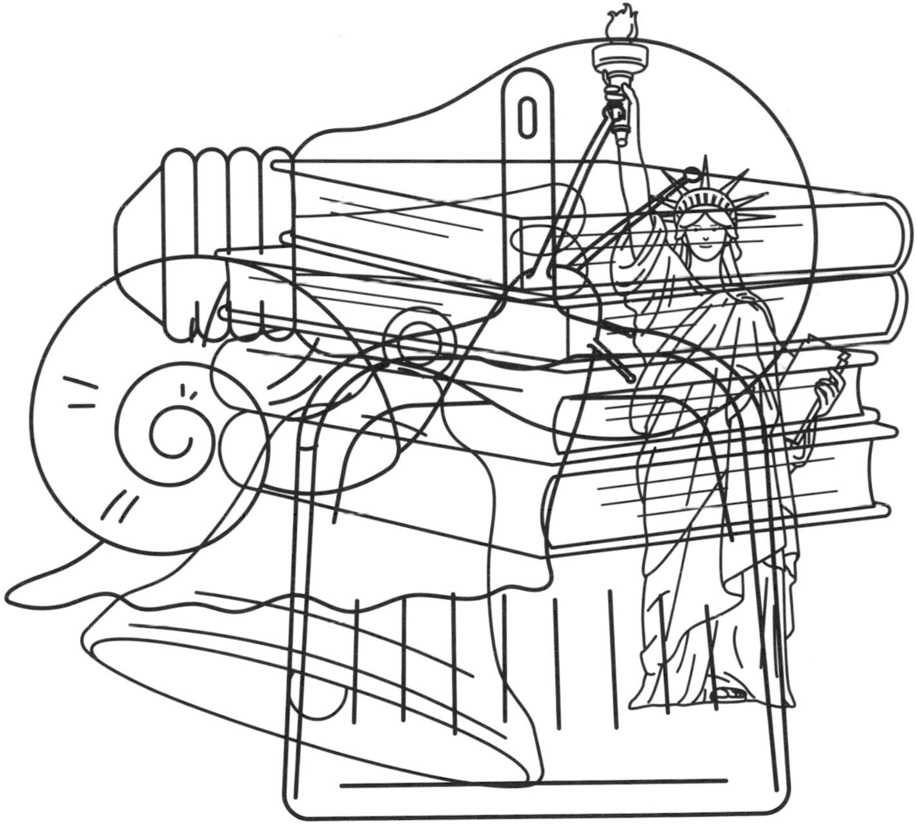

發現規則

找出圖形的規則，並從下排Ⓐ～Ⓓ之間找出可與上排歸納為同一組的圖形。

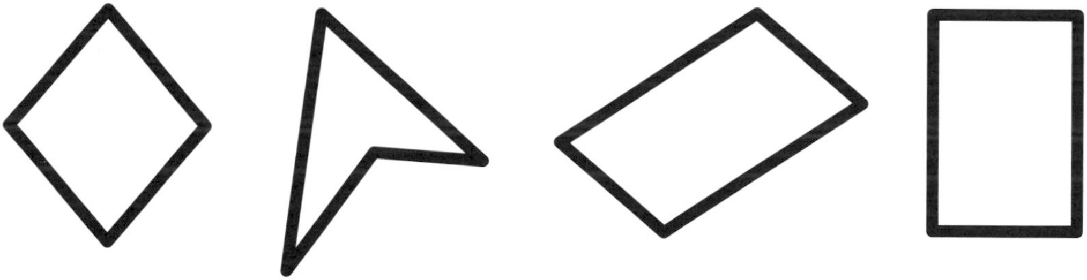

Ⓐ Ⓑ Ⓒ Ⓓ

發現規則

●▲■依循某種規則排列成下列 4 組動圖。
想一想，「？」的第 5 組圖的圖形該如何排列？

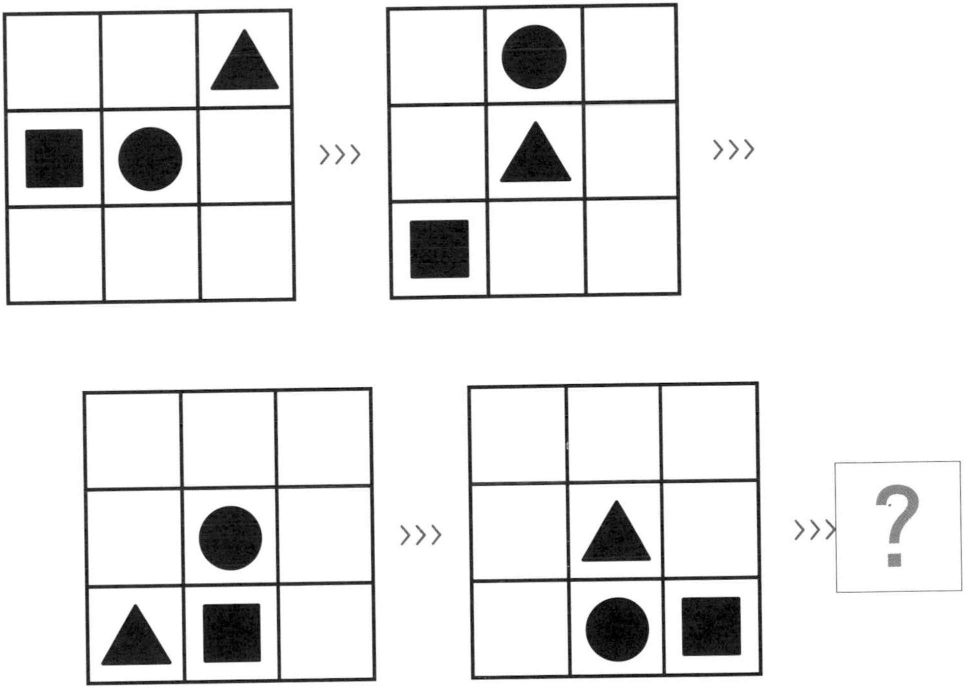

發現規則

依循某種規則，排列成如❶❷般的圖形。
想一想，「？」裡的圖形該如何排列？

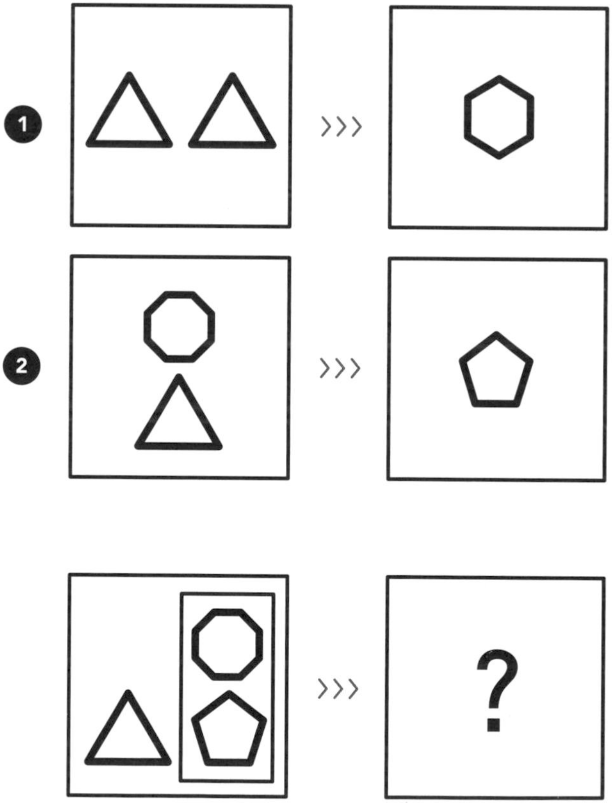

難題

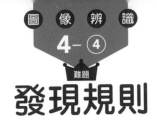

發現規則

**黑色區塊依循某種規則排列成下列 3 組動圖。
想一想，「？」的第 4 組圖的圖形該如何排列？**

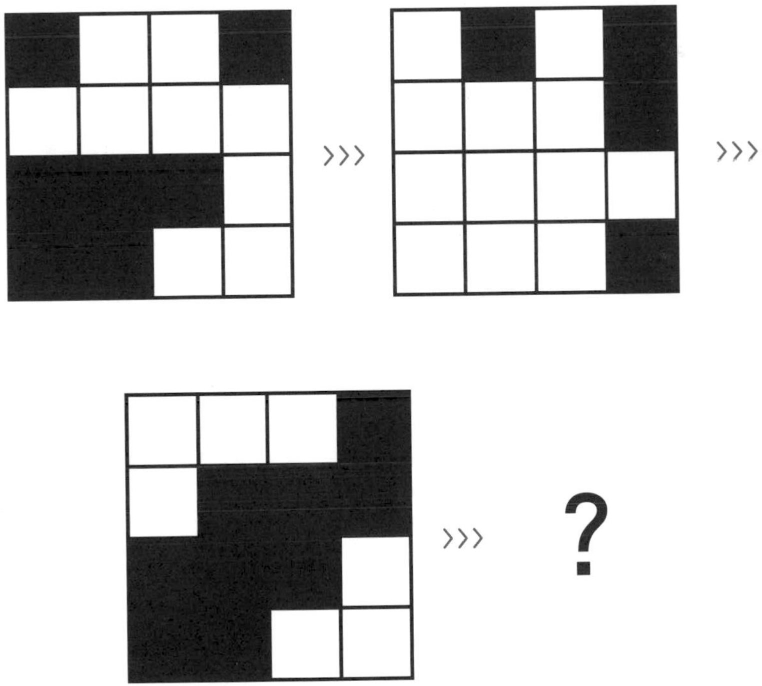

提示　請將 16 個方格分為 4 等分來看。

解答

1

購物籃

南瓜

繪馬

筆記型電腦

海豚

<<<

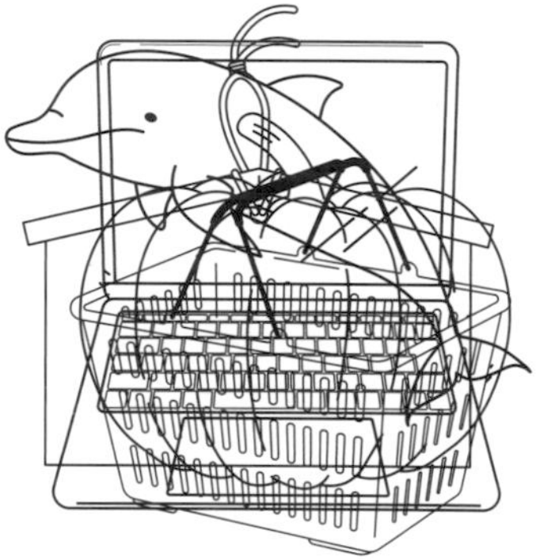

2

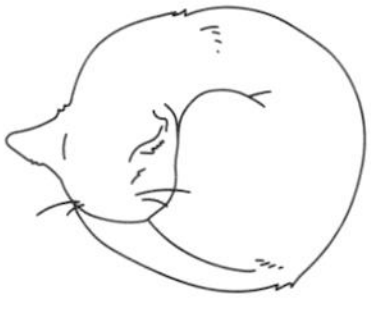

貓咪

頭戴式耳機

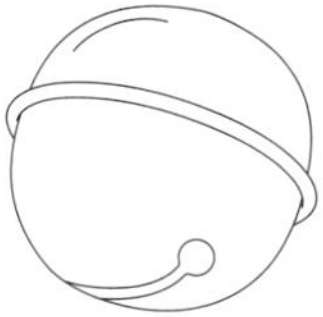

鈴鐺

蘋果

西瓜

<<<

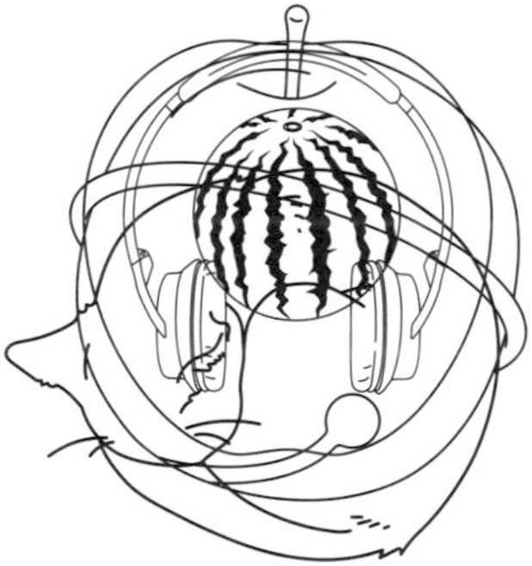

解答

手電筒

白熊

馬克杯

晴天娃娃

雨傘

刨冰

<<<

3

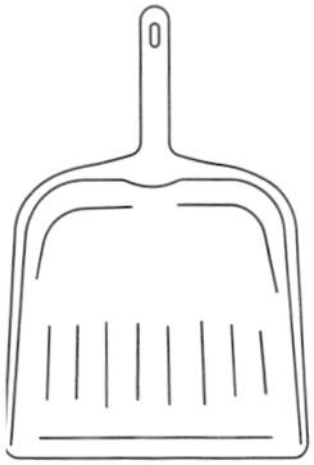
畚箕

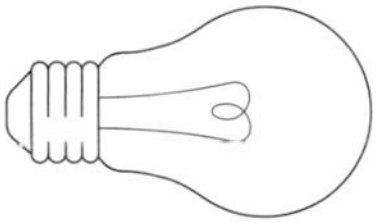
燈泡

自由女神

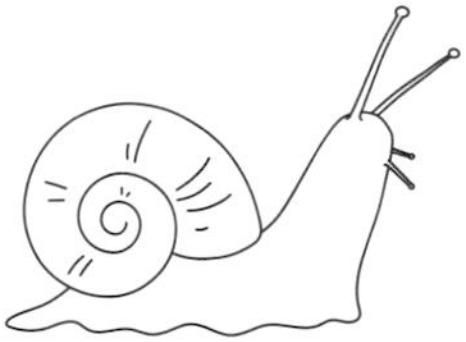
蝸牛

鈴鐺

書本

<<<

4

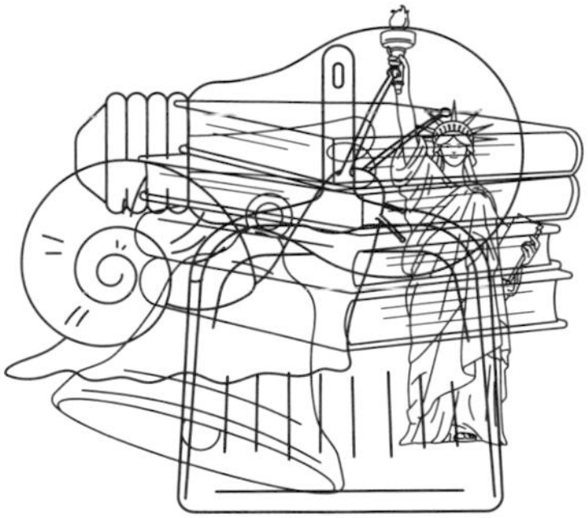

解答

❶

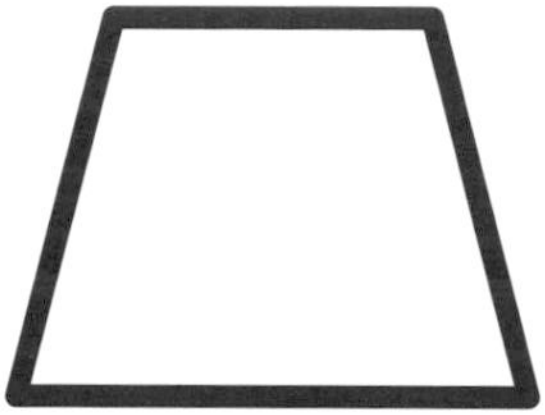

B

上排圖形全部是四角形

❷

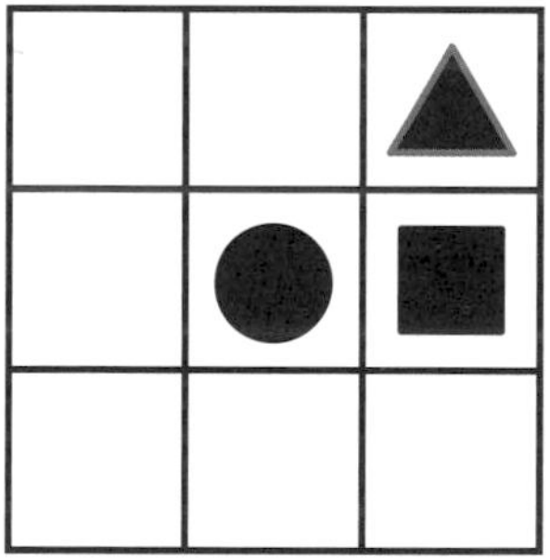

▲對角線移動　●垂直上下移動
■ 從外圍環繞移動

❸

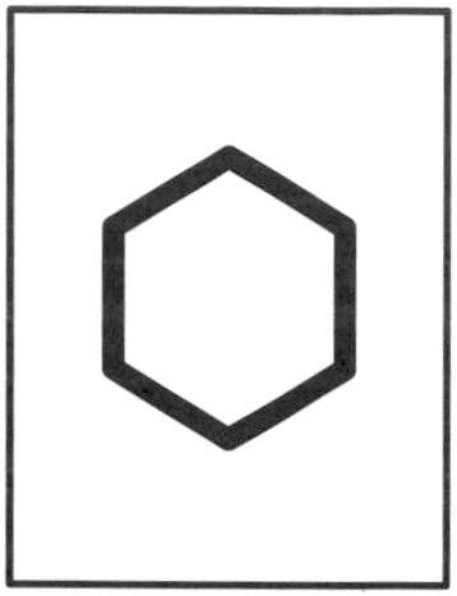

圖形橫向排列時將角或邊的數量加總，
圖形上下排列時則相減。

❹

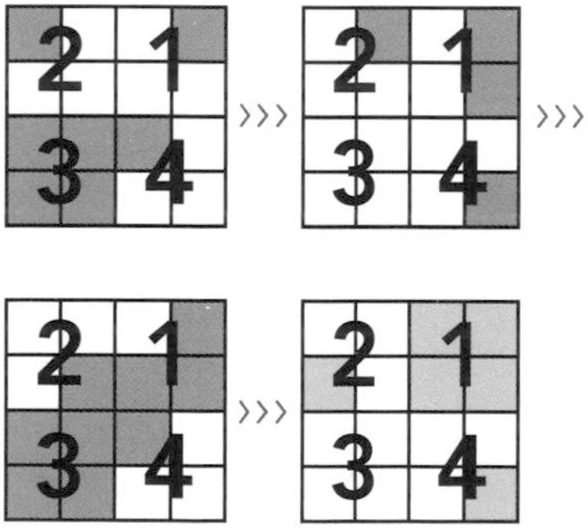

切分成 4 等分後，1 順時針遞增，2 順時針移動，3 是全部顯示或消失交互出現，4 是對角線移動。

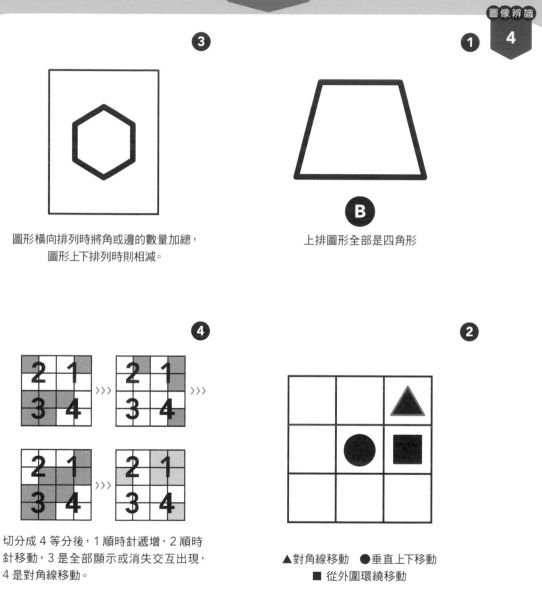

1 分鐘正念練習

2

1. 端坐在椅子上讓脊柱伸直拉長。
2. 設定計時 1 分鐘，緩緩地從鼻子吸氣，嘴巴吐氣。
3. 持續在腦中不斷想著「玻璃杯」，直到計時結束為止。
4. 若腦中浮現其他思緒，請將意識再一次帶回到「玻璃杯」上。

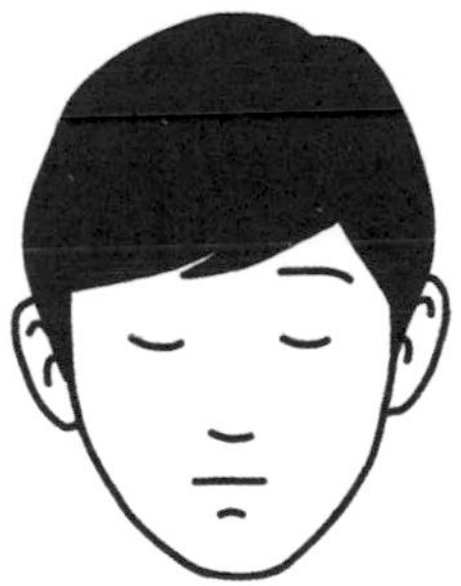

〈 尋找路徑 〉

請將數字 1 到 9 按照順序相鄰，
將空格填滿。

例題 1

		9
	5	
1		

解答

7	8	9
6	5	4
1	2	3

3	4	9
2	5	8
1	6	7

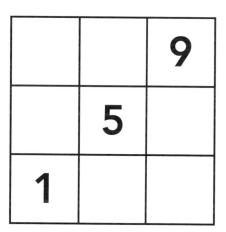

〈 尋找路徑 〉

請在每個空格僅允許線通過一次的前提下，將相同形狀連結起來。
線與線不能交錯，也不得走對角線連結。

例題2

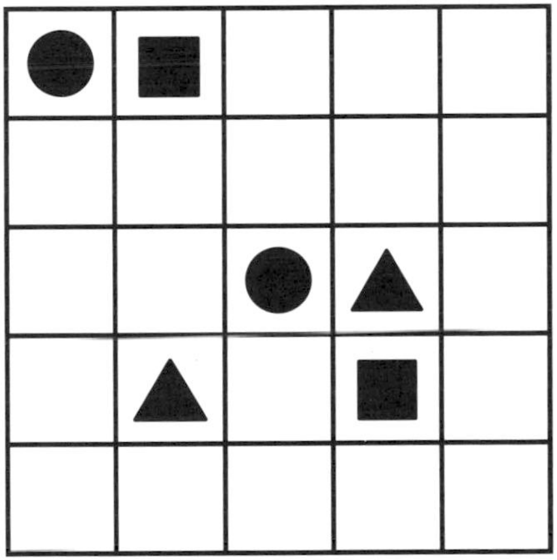

解答

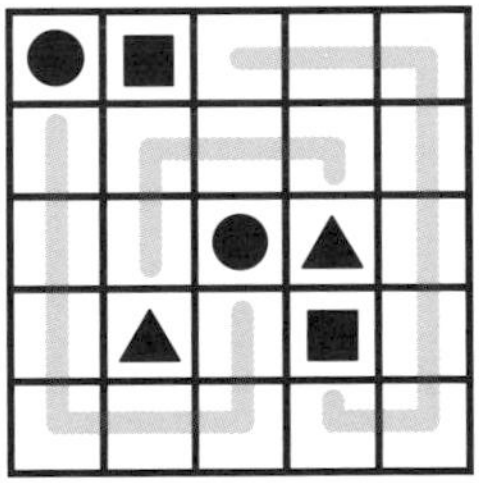

尋找路徑

請將數字 1 到 16 按照順序相鄰，
將空格填滿。

	1		
		11	
16			

尋找路徑

請將數字 1 到 25 按照順序相鄰，
將空格填滿。

25	20	1	8	
		15		

尋找路徑

請在每個空格僅允許線通過一次的前提下，將相同形狀連結起來。
線與線不能交錯，也不得走對角線連結。

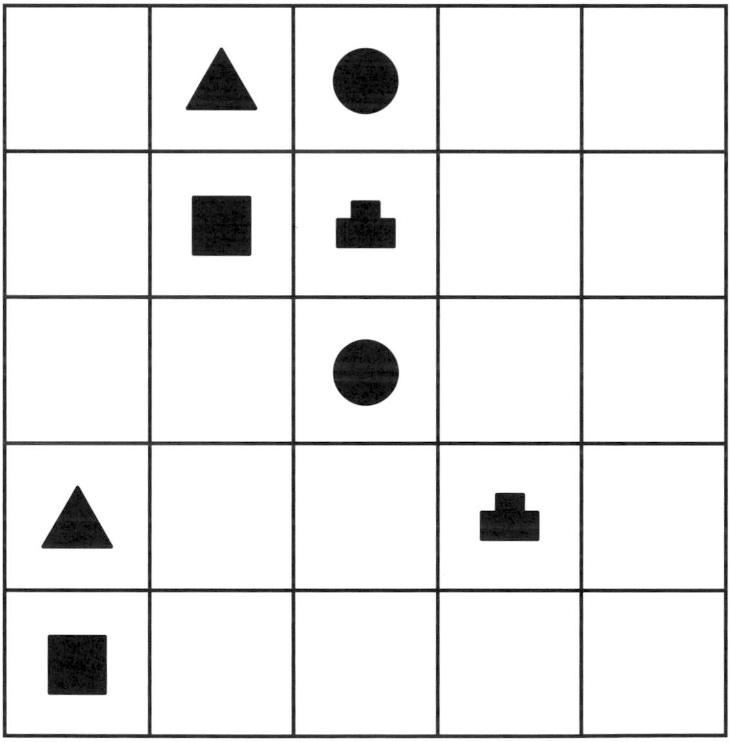

尋找路徑

請在每個空格僅允許線通過一次的前提下，將相同形狀連結起來。
線與線不能交錯，也不得走對角線連結。

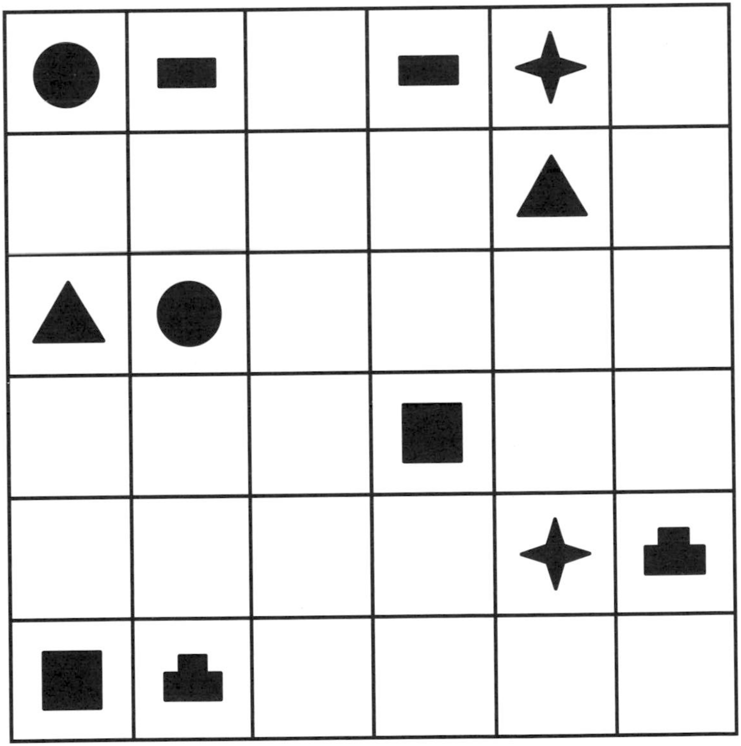

①

5	6	7	8
4	1	10	9
3	2	11	12
16	15	14	13

②

23	22	3	4	5
24	21	2	7	6
25	20	1	8	9
18	19	14	13	10
17	16	15	12	11

③

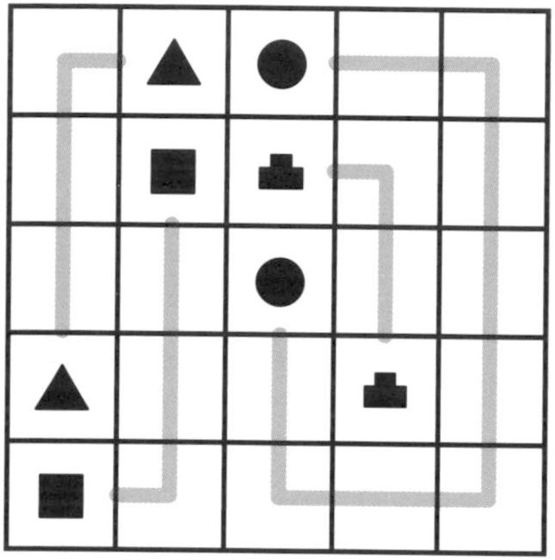

④

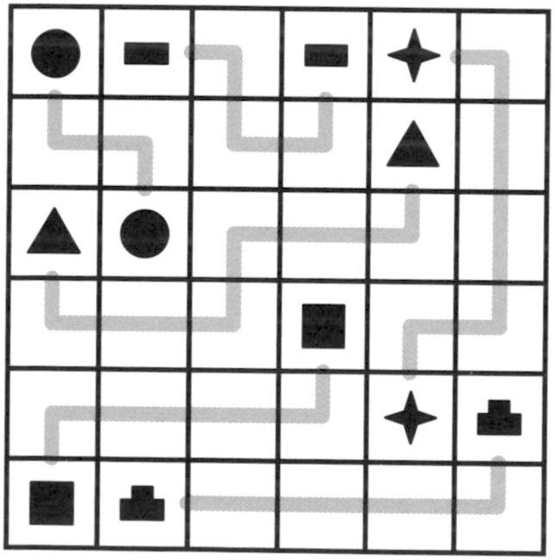

專注力專欄

工作或學習時，什麼樣的環境有助提升專注力？

專注力很顯然會受到周遭環境的影響。如果我們想提升工作及學習效率，有助維持專注力的環境因素有哪些？

我首先想談談能大大影響腦部運作的因素之一，那便是「聲音」。

雖然我知道許多人很喜歡一邊聽音樂、廣播一邊讀書，但如果你想把內容輸入大腦「記起來」，聲音無疑只會帶來負面影響。畢竟，不管你本人想或不想，大腦都會試圖去聽取這些聲音。也就是說，大腦資源明明應該百分之百投注在記憶這件事上，結果卻分心去聽音樂、廣播，過程中不自覺降低了大腦運作效能。因此，如果你真的想把內容記住，置身於無聲的環境是最理想的。

假使從事的工作是從大腦輸出資源，例如撰寫企劃書或解題時，狀況又會如何呢？根據一項研究指出，輕度吵雜的環境反而更有效率，大概像咖啡店內環境音的程度是最合適的。

再者，嗅覺為大腦運作帶來的影響也不小。香味究竟是如何影響大腦？事實上多項廣為人知的研究都曾指出，香氛可有效增強專注力。首先「迷迭香」可提振腦神經細胞活力，具有促進大腦血流的效果，最適合在需要集中注意力的時候使用。其他還有像是「胡椒薄荷」或「檸檬」也對提升記憶力有所幫助，故使用精油也是個不錯的選擇。

另外，索性直接換個工作地點也是一招。不過，能讓人提起幹勁的地點，必須符合某些條件。

心理學上有所謂的「觀察學習」，學習者透過觀察可學習模仿他人行為表現，促使自己也同步採取行動，例如學習新的行動、修正原本的行為或習慣。各位是否曾經有過這種經驗，看到周遭的人都在用功讀書，自己也湧現「那我也得好好努力才行」的心情？光是觀察他人的行為，自然敦促我們也採取相同的行動，這種心理正是觀察學習。

想換個工作地點的話，去一座所有人都用功讀書的圖書館，或找個每個人都聚精會神認真工作的空間，實在太合適了不是嗎？如果你怎麼樣都提不起勁，直接找個能幫自己專注的環境也是個好方法。

2章

圖像記憶練習

專注力提升後下個階段的重點，是將提取記憶的技巧練到純熟。越能降低「咦，我剛剛要幹嘛？」的頻率，越能夠全神貫注。

將「大腦的筆記本」運用自如

圖像記憶技巧

各位還記得本書一開始所提及的工作記憶嗎？取名為「記憶」，毫無疑問自然是與記憶相關的能力，不過工作記憶與一般所知的記憶在功能上略有差異。簡單來說，它就像是「大腦的筆記本」，當眼前有待處理課題時，只需在腦海裡參照這本筆記，便能以極佳的效率推動工作的進行。

事實上各位也都使用過這種能力，例如購物時心算加總手中商品的金額就是。心算，是將計算過程中加減進位的數字暫存在大腦裡，經組合運算得出正確答案的一種計算方式，數字暫存的空間就是工作記憶。

在此我想請各位回想一下，自己在心算時的意識狀態為何？你有辦法一邊想其他事一邊心算嗎？我相信各位在心算時，肯定保持在全神貫注的狀態，因為專注度不夠，是不可能有辦法嫻熟操作工作記憶的。相反地，若善加訓練工作記憶，自然而然就能提升專注力。

工作記憶的厲害之處，在於可從記憶資料庫，提取必要資訊至大腦的筆記本。只要在腦海裡參照相關資訊，就會更容易找出最佳解決方案。

透過第1章「圖像辨識技巧」鎖定待處理資訊，接著擷取資訊進入意象空間，為了有效解決問題，得從記憶資料庫中提取必要資訊。正因為有資訊參考，所以才有辦法輸出最佳解決方案。

藤井聰太棋士亦充分運用了此項能力。他先認知到對弈時棋盤的實際狀態，再從記憶資料庫叫出可能應付眼前棋局的數個棋譜，從中找出破解棋局的最佳方案。但如果一個人即使有辦法進入意象空間，卻無法順利叫出可供參考的知識記憶，那麼受惠於工作記憶的程度將大打折扣。因此，就讓我們透過鍛鍊工作記憶，一起學會「圖像記憶技巧」吧！

〈 圖像記憶 〉

右圖與左圖有不同之處。請用60秒記住右圖內容後用手遮住右圖，再查看左圖找出不同之處有哪些。

例 題

解 答　椰子、船帆的線條、海螺的形狀

圖像記憶

請用60秒記住下圖，
60秒一到請翻至下一頁。

圖像記憶

這頁有前一頁不存在的動物，
找找看，是哪種動物被取代成哪種動物？

圖像記憶

請用60秒記住下圖，60秒一到請翻至下一頁。

圖像記憶

前一頁圖中的3樣東西消失了，
找找看，是哪些東西不見了？

圖像記憶

請用60秒記住這4個人的臉，
60秒一到請翻至下一頁。

圖像記憶

這 4 個人的臉跟前一頁有不同之處，
請找出所有變化的地方。

圖像記憶

請用60秒記住這4個人的臉，
60秒一到請翻至下一頁。

圖像記憶

這4個人的臉跟前一頁有不同之處，
請找出所有變化的地方。

1 分鐘正念練習

3

1. 端坐在椅子上讓脊柱伸直拉長。
2. 設定計時 1 分鐘，緩緩地從鼻子吸氣、嘴巴吐氣。
3. 吸氣時腹部膨脹，吐氣時腹部縮小，持續將意識帶往腹部，直到計時結束為止。
4. 過程中若是意識跑到其他地方，請記得將意識再一次帶回到呼吸上。

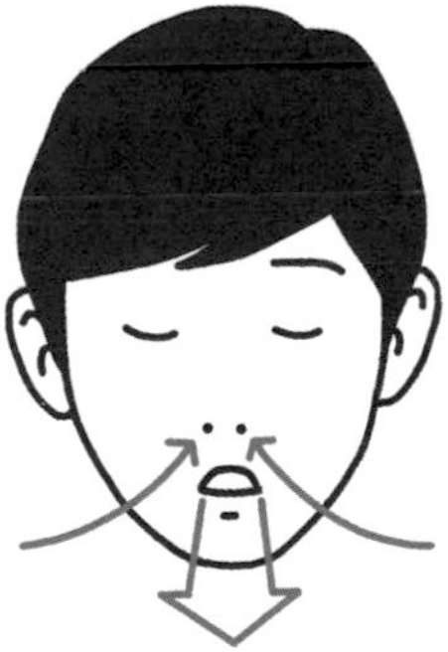

〈 置換計算 〉

請先記住上列符號分別被置換成哪些數字 ，
記住後，請遮住「置換符號」做下列計算。

例 題

〈 置換 〉

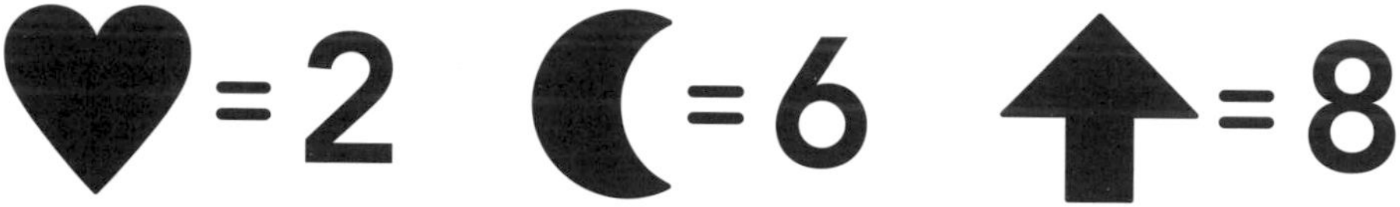

〈 計算 〉

解答 **12**

圖像記憶 2

〈 置換計算 〉

請先記住哪種動物分別被置換成哪些數字，
記住後遮住這一頁，至下一頁挑戰接下來的練習題。

〈 置換 〉

 = 1
 = 2
 = 3

 = 4
 = 5
 = 6

 = 7
 = 8
 = 9

記憶小撇步

「鱷魚從上往下看是一條直直的就像數字『1』」、「大猩猩 Gorilla 的『Go』唸起來像數字『5』的台語發音」等，用自己編出的聯想去記比較容易。

置換計算

想一想，□裡應該填入什麼數字？

 = □  = □  = □

 = □  = □ 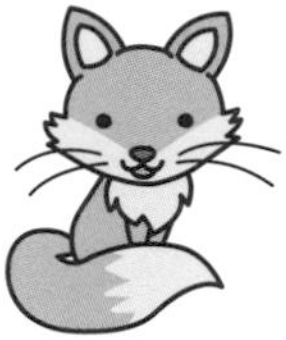 = □

 = □  = □  = □

補充　如果記憶不明確，請回到「置換符號」那頁，確實記住後再往下進行。

圖像記憶 2-②

置換計算

想一想，□裡應該填入什麼數字？

A 

B 

C 

D 

置換計算

請在□填入＋－×÷適當的運算符號，
讓每個算式得以成立。

A  = 1

B  = 2

C  = 3

D 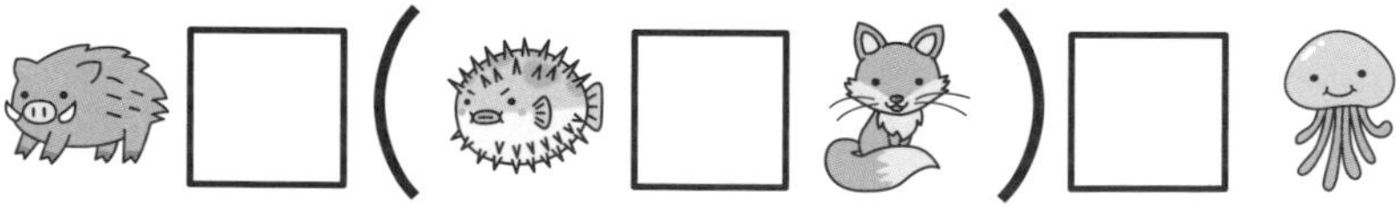 = 10

圖像記憶 2-④

難題

置換計算

以「十字型」框框圍住下表任5個空格時，
請找出哪個位置框出來的數字加總剛好是20？

框 

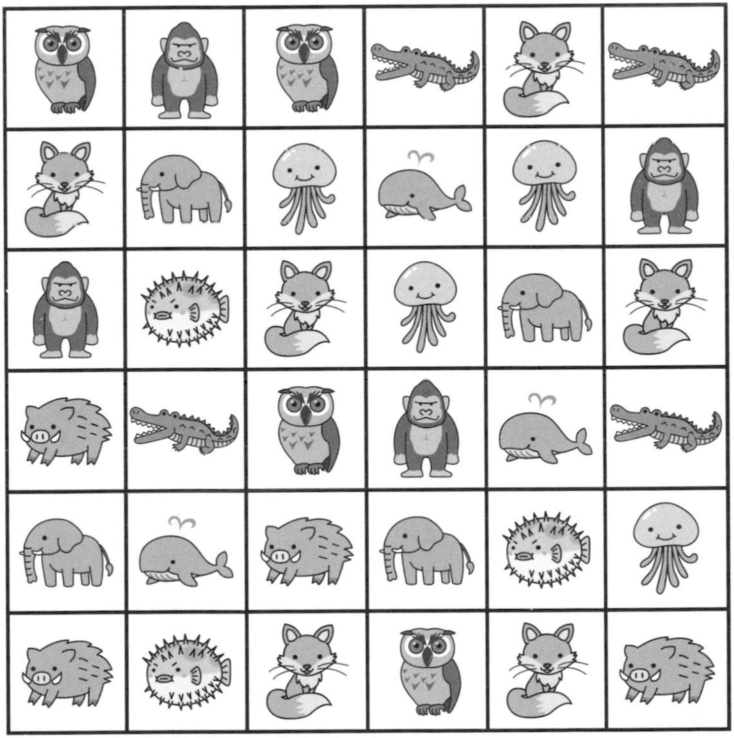

1

狗變成了狐狸

2

圖畫、積木、蠟筆

3

瀏海的方向改變

視線改變

嘴巴打開

眼鏡不一樣

4

眼鏡消失了

舌頭吐出來

眉毛變濃

下巴鬍鬚不見了

❶

❷

Ⓐ 9

Ⓑ 2

Ⓒ 15

Ⓓ 50

❸

Ⓐ −

Ⓑ + −

Ⓒ × −

Ⓓ + ÷ +

❹

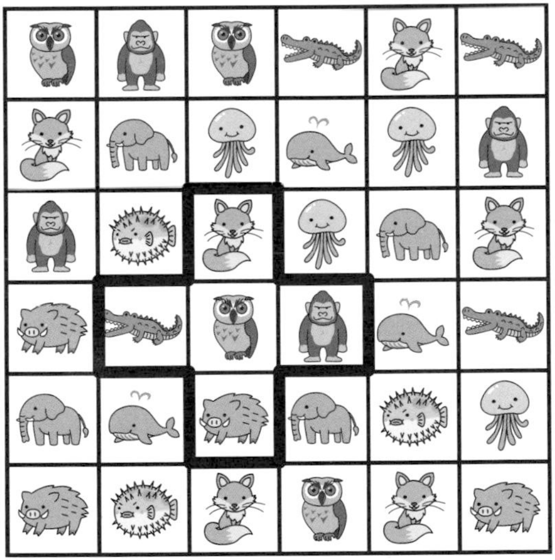

〈 路徑記憶 〉

每隻動物會按照各自的箭頭數及方向移動。請記住每隻動物種類、箭頭數及方向的組合後，以不看圖的方式回答以下問題。

例 題

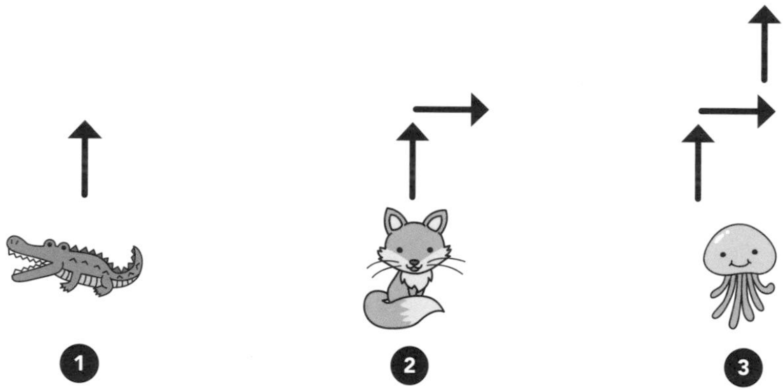

〈 鱷魚的箭頭有幾個？朝哪個方向？ 〉

〈 狐狸的箭頭有幾個？朝哪個方向？ 〉

〈 水母的箭頭有幾個？朝哪個方向？ 〉

解 答

鱷魚：1 個箭頭，方向朝上。

狐狸：朝上箭頭 1 個，朝右箭頭 1 個。

水母：朝上箭頭 2 個，朝右箭頭 1 個。

圖像記憶 3

〈 路徑記憶 〉

每隻動物會按照各自的箭頭數及方向移動。
請記住每隻動物的種類、箭頭數及方向的組合後，
挑戰接下來的練習題。挑戰過程中，不能翻回來看這一頁。

補充　每隻動物一開始轉彎的方向都是朝右。

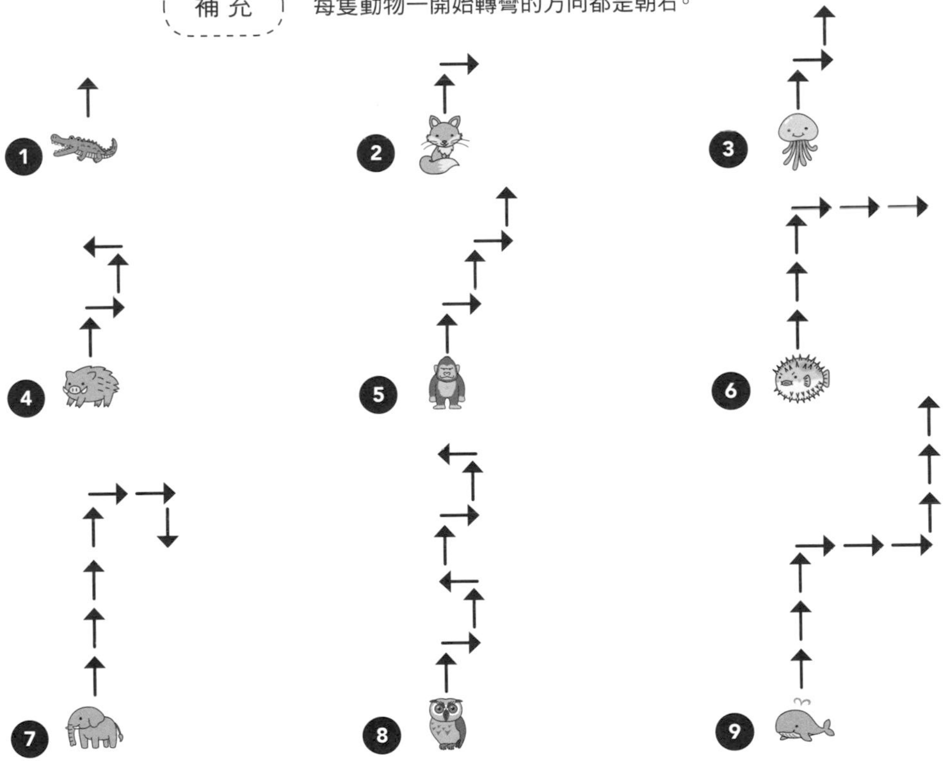

路徑記憶

請將上排箭頭與下排動物連連看，部分箭頭會找不到相對應的動物。

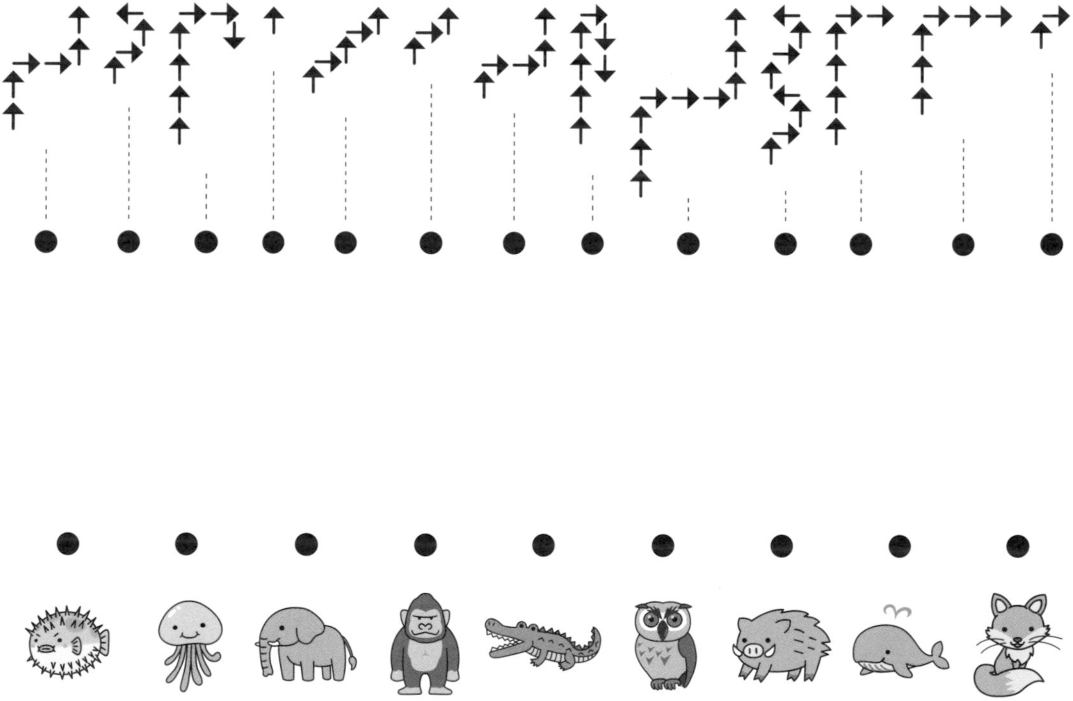

路徑記憶

依箭頭方向移動這 4 隻動物，爬到最上方空格的會是哪一隻動物？

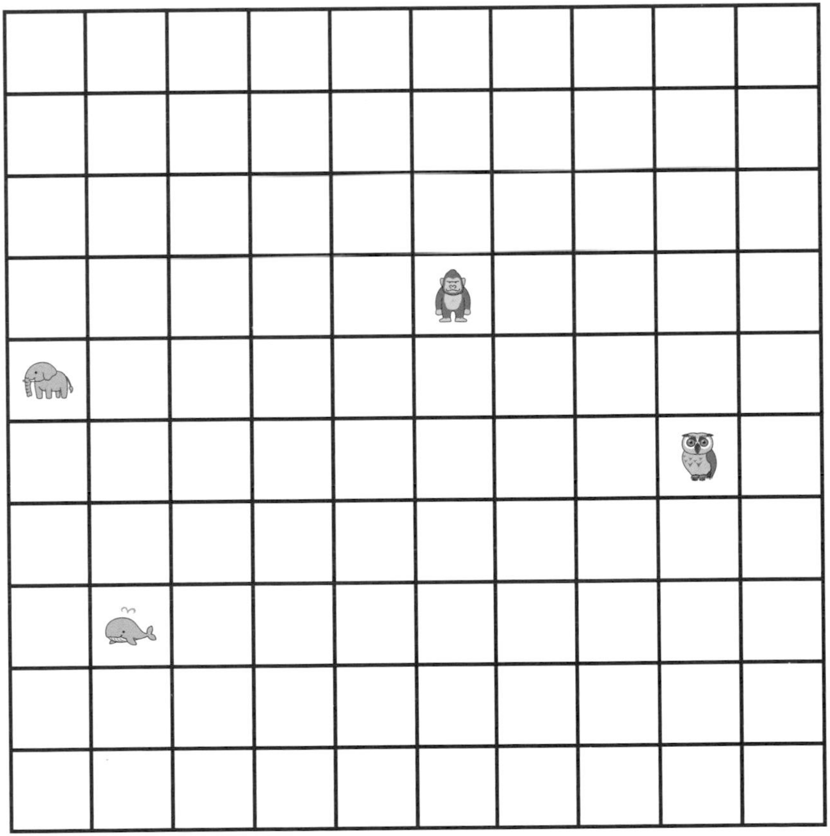

路徑記憶

想一想，哪一組動物組合會走到同一個空格？

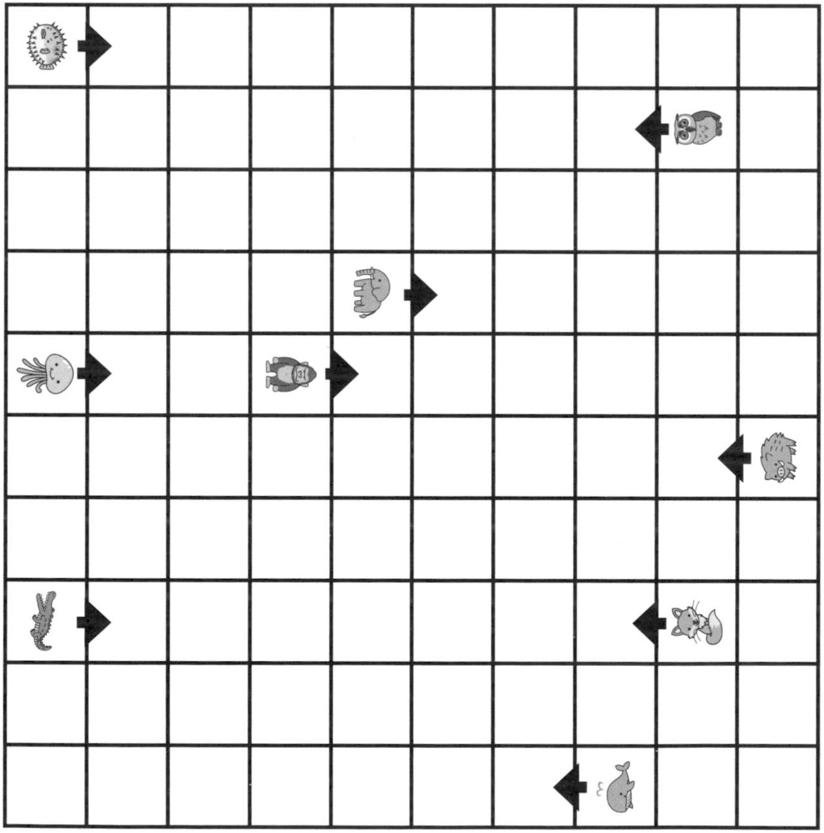

路徑記憶

想一想，能抵達數字最大那格的會是哪一隻動物？

12	36	21	3	8	5	19	13	7	2
1	4	11	29	69	48	64	53	70	79
61		56	40	28	62	85	51		68
25	60	52	84	23	18	26	27	80	34
90	41		39	46		38	33	63	45
35	24	88	59	72	32	43	57		58
86	14		47		71	6	15	67	44
17	73	30	42	65		78	10	22	54
49	75	89	16	20	76	8	9	77	66
87		31	74	83	50	82	37	81	55

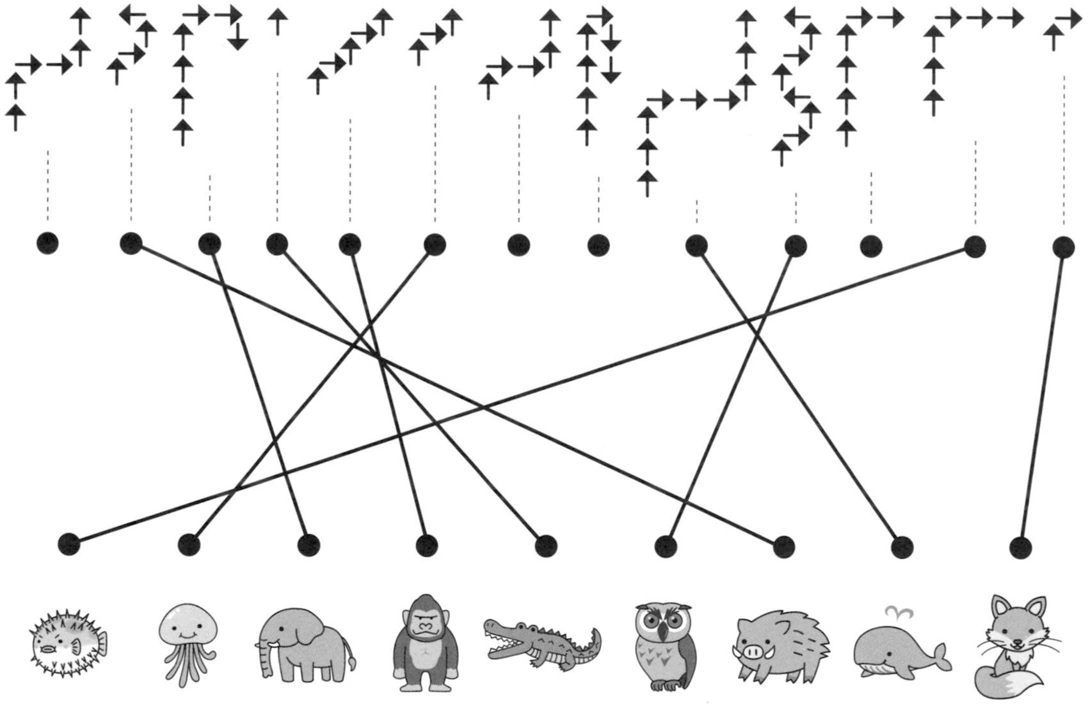

解答

3

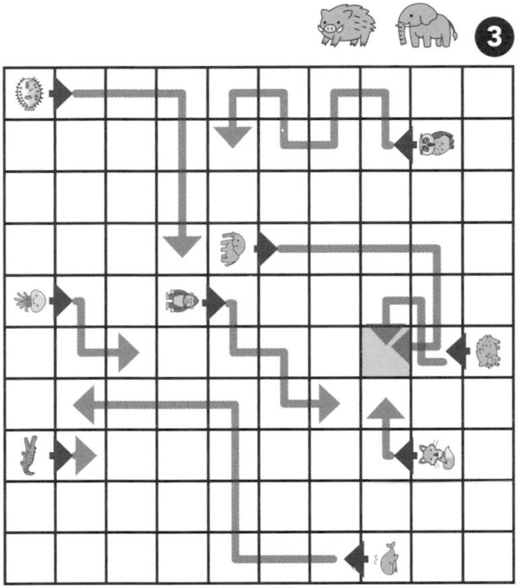

2

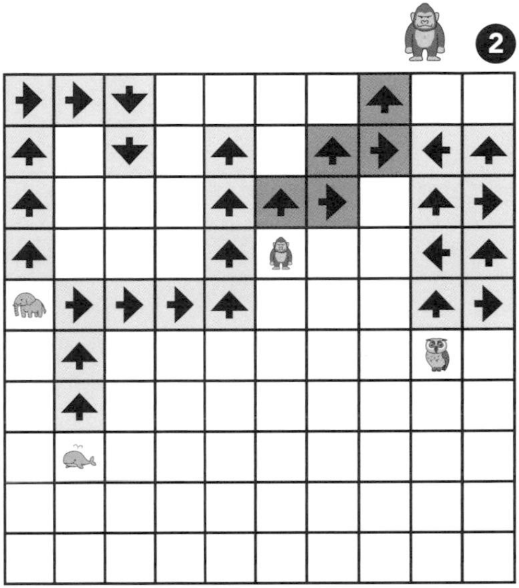

4

12	**36**	21	3	8	5	19	13	7	2
1	4	11	29	69	**48**	64	53	**70**	**79**
61		**56**	40	28	62	**85**	51		68
25	60	52	84	23	18	**26**	27	80	34
90	41		39	46		38	33	**63**	45
35	24	88	59	72	32	43	57		58
86	14		**47**		71	6	15	67	44
17	73	30	42	65		78	10	22	54
49	75	89	16	20	76	8	9	77	66
87		31	74	83	50	82	37	81	55

85

〈 其他使用方式 〉

請想出 5 種除了「汲水」之外的水桶使用方式。

例題

解答例

1. 花盆
2. 緊急避難用的安全帽
3. 太鼓
4. 裝水或沙，當成重量訓練道具
5. 寵物用澡盆

〈 骰子計算 〉

請用骰子相對的面的點數去思考。
並從Ⓐ～Ⓔ當中選出2個相鄰的面，點數和為10。

例題 1

提示　骰子兩個正反相對面的點數和是 7。

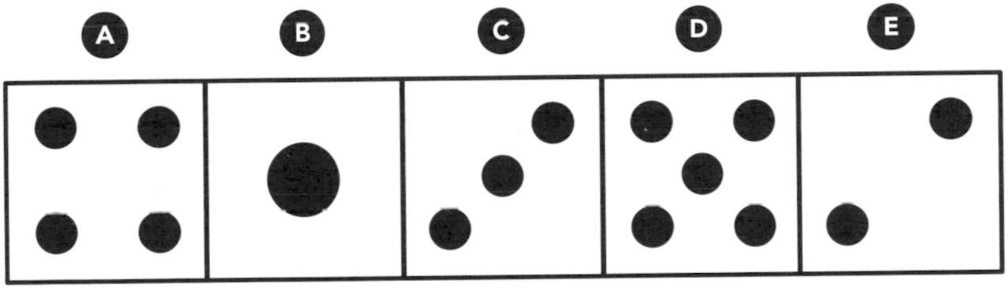

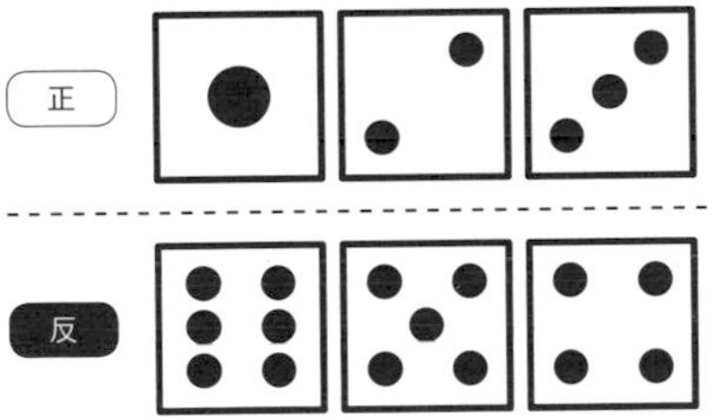

解答　Ⓑ跟Ⓒ
（反面）

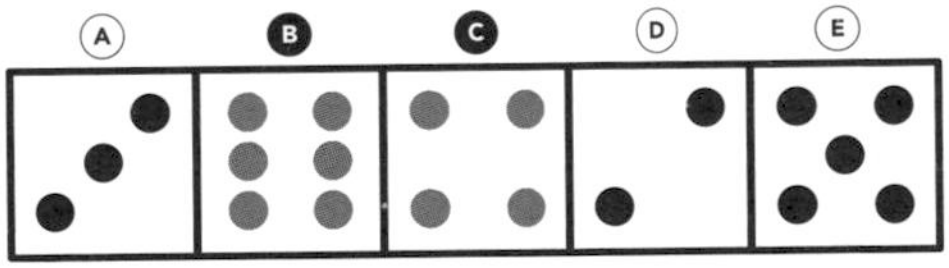

其他使用方式

請想出5種除了「寫字」之外的鉛筆使用方式。

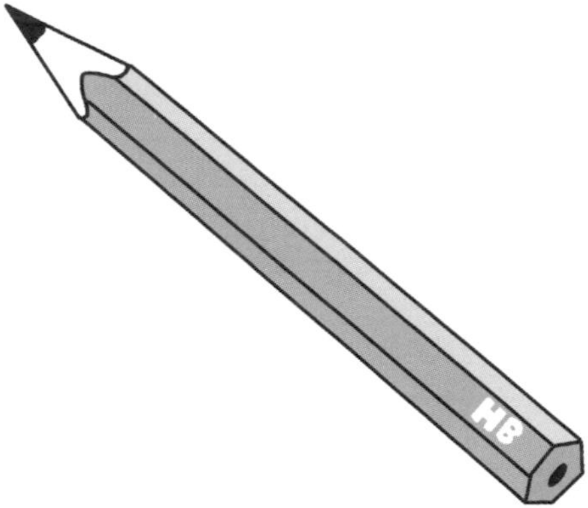

❶

❷

❸

❹

❺

其他使用方式

請想出 5 種除了「驅蚊」之外的蚊香使用方式。

1.
2.
3.
4.
5.

其他使用方式

請想出5種除了「擲鉛球」之外的鉛球使用方式。

❶

❷

❸

❹

❺

其他使用方式

請想出5種除了「爬高」之外的梯子使用方式。

1.
2.
3.
4.
5.

骰子計算

骰子的面按照Ⓐ～Ⓙ的順序排成一列。
如果以骰子正反相對的面的點數去思考時，請問哪2個相鄰的面，在點數大的減去點數小的後，結果會剛好等於右邊隔壁的點數？

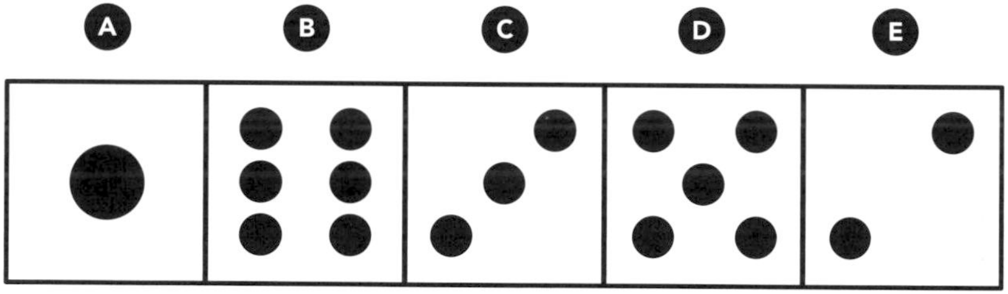

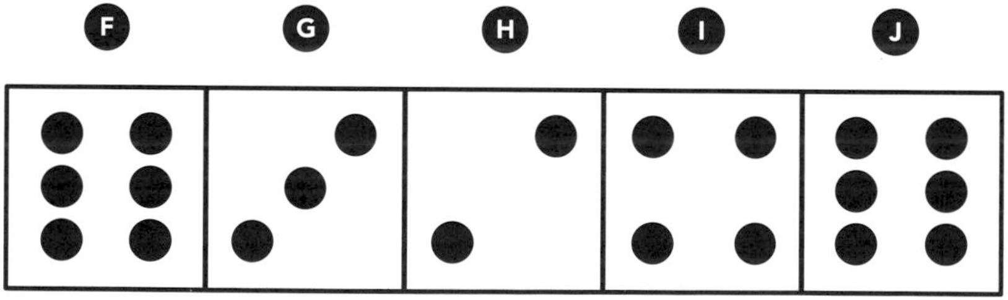

骰子計算

骰子的面按照Ⓐ～Ⓖ的順序排成一列。
如果以骰子正反相對的面的點數去思考時，請問哪3個相鄰的面點數和會等於10？

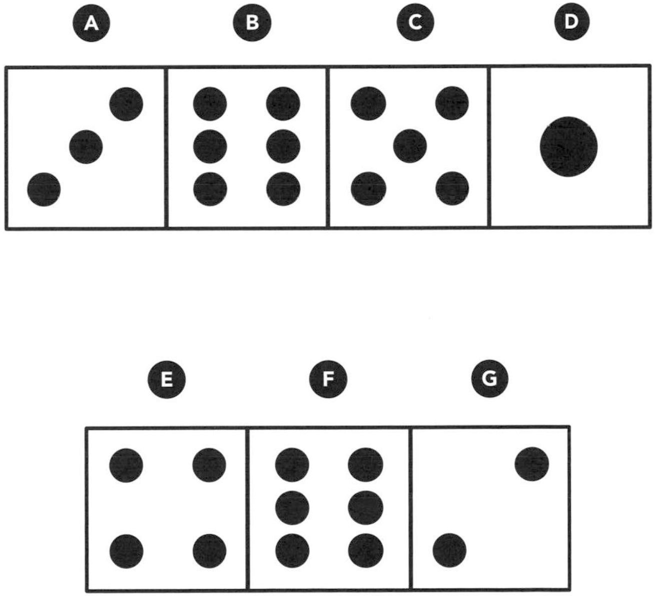

〈 骰子計算 〉

骰子4個相對面的點數每個只能使用一次。先選其中2面點數做四則運算（加減乘除），得到的數字再跟第3面的點數做四則運算。得到的數字再跟剩下那面的點數做四則運算，最終可得出底下的答案。

例題2

提示　可以選擇只用減法，也可以加法、乘法、除法全都用上。答案組合不限一種，請想一想其他可行的組合。

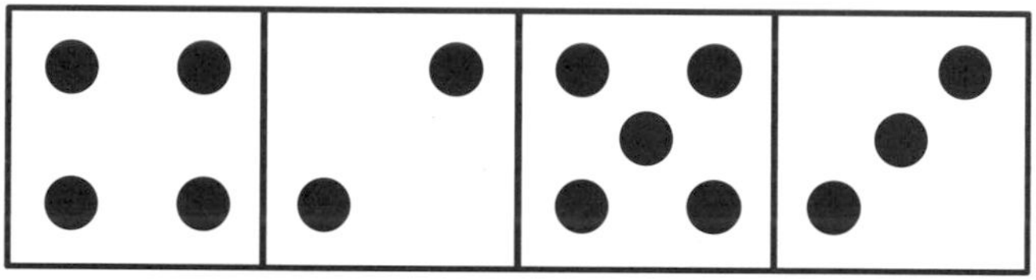

2

反

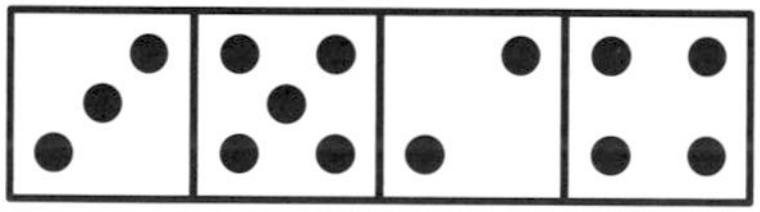

3　5　2　4

解答例　$5 \times 2 = 10$ ／ $10 - 4 = 6$ ／ $6 \div 3 = 2$

骰子計算

骰子4個相對面的點數每個只能使用一次。
先選擇其中2面點數做四則運算，得到的數字再跟第3面的點數做四則運算。
得到的數字再跟剩下那面的點數做四則運算，最終可得出底下的答案。

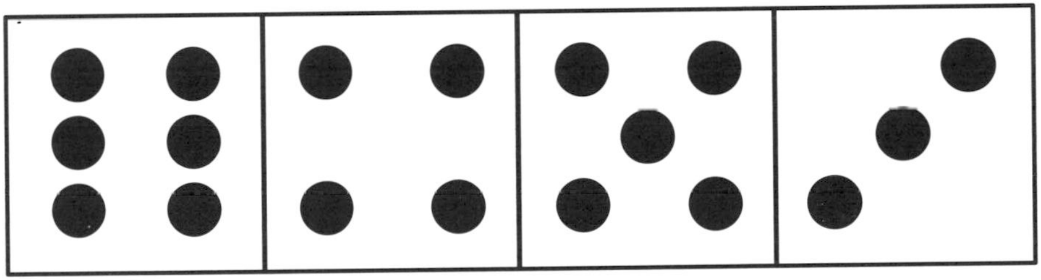

1

提示　可以選擇只用減法，也可以加法、乘法、除法全都用上。答案組合不限一種，請想一想其他可行的組合。

骰子計算

骰子4個相對面的點數每個只能使用一次。
先選擇其中2面點數做四則運算，得到的數字再跟第3面的點數做四則運算。
得到的數字再跟剩下那面的點數做四則運算，最終可得出底下的答案。

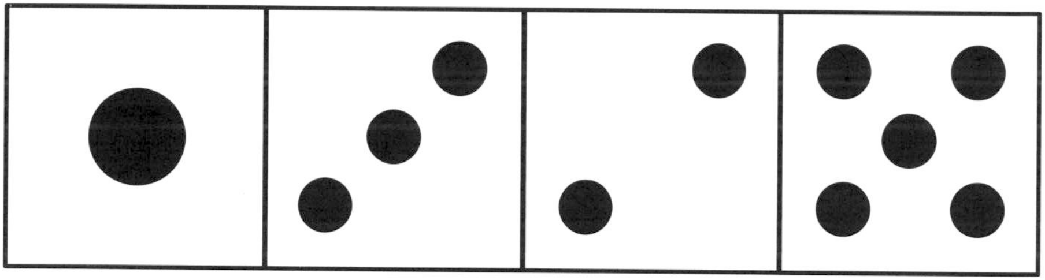

10

提示　可以選擇只用減法，也可以加法、乘法、除法全都用上。答案組合不限一種，請想一想其他可行的組合。

1

1 指揮棒

2 筷子

3 鼓棒

4 骰子（如果是六角）

5 畫線用的尺　等等

2

1 計時器

2 放煙火的火種

3 用煙調查風向

4 熔斷堅韌的塑膠繩

5 蚊香灰可用來磨金屬器具　等等

3

1 錘子

2 做重訓

3 壓醃菜的石頭

4 測量地板的水平度

5 裝飾用的雕塑　等等

4

1 晾衣服

2 兒童遊具攀爬架

3 打擊樂器

4 貓走道

5 用來設置捕魚網　等等

1 E 跟 F／5-1=4

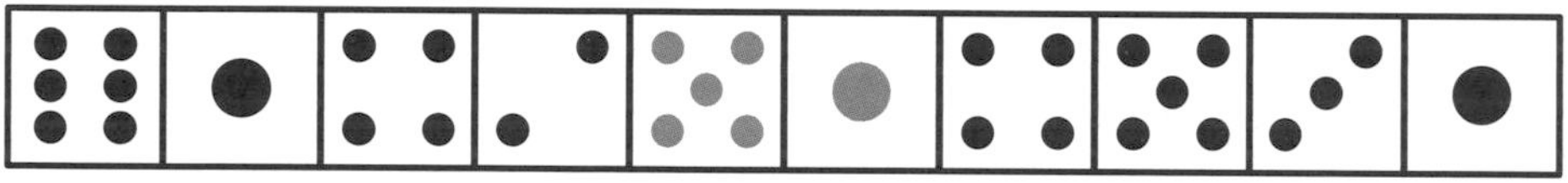

2 D 跟 E 跟 F

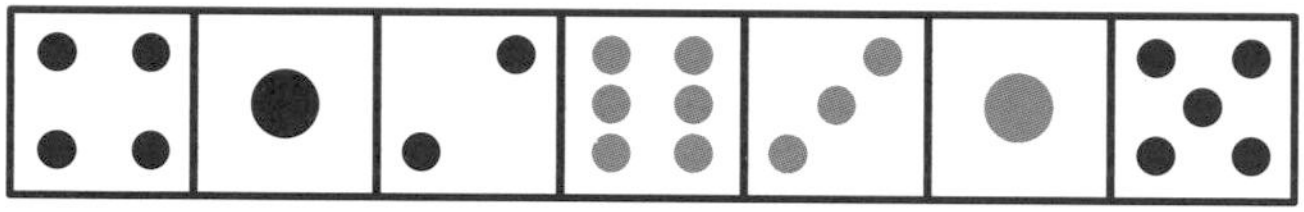

3

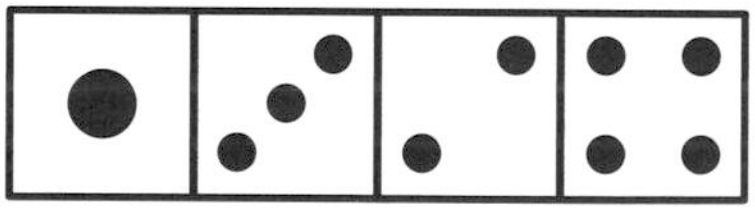

解答例

2×**3**=6
6−**1**=5
5−**4**=**1**

4

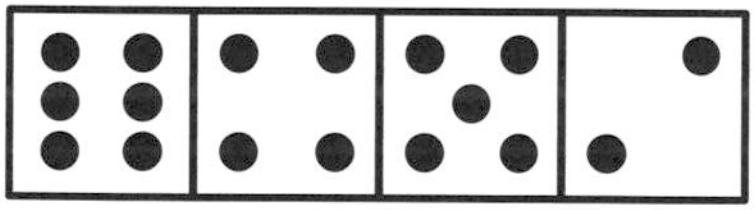

解答例

6−**5**=1
1+**4**=5
5×**2**=**10**

專注力專欄

「可愛」與專注力之間的關聯

從過去到現在，與動物相關的電視節目始終廣受大眾喜愛，近年來經常看到網路上許多動物照片或影片。壓力爆棚的社會環境，促使越來越多人下意識更渴望從動物身上得到療癒。

雖然大家都知道觀看可愛動物時，心靈本能性可以獲得療癒，但事實上大阪大學入戶野宏教授的研究證實，可愛動物照片或影片也可以提升專注力。人們看到可愛動物時，大腦自然產生「想再多看一點」、「想就這樣一直看下去」的渴望，從而衍生「想仔細觀察、連細節也不放過」的心理。換句話說，感覺「好可愛」是提高專注力的要素之一。

更令人訝異的是，這種專注狀態竟可以持續好一段時間，所以即使看完可愛動物後，再去進行其他工作或學習，這份專注力也得以延續。另外亦有海外研究指出，當看到覺得好可愛的照片時，大腦內構成「獎勵系統」神經迴路的「依核」，其活性會強烈許多。依核掌管「動機」跟「意願」，會影響各種愉悅的情緒。

那麼，可愛的事物是否看越久效果越好呢？答案是——沒這回事！必須小心看太久反而會弄巧成拙造成反效果。若想集中專注力，視線所及之處最好不要擺放任何可愛的事物，萬一不小心看得太過入迷，很可能無法再恢復到執行任務的工作模式。如果正在忙著工作或學習必須保持專注，最推薦的方法是利用休息時間時，短暫看一下可愛事物的照片或影片。入戶野教授的研究也顯示，觀看時間以1分到1分半為宜，專注力很意外地可以在極短的時間內集中，請各位一定要試試看！

這裡我雖然以動物作為可愛事物的例子，但入戶野教授指出可愛並不侷限在動物，只要當事人覺得「可愛」，任何對象或物品都行。我的一位女性友人曾說某位中年搞笑藝人「很可愛」，對她而言可愛的對象不是動物，大叔的照片說不定效果更好呢！

3章

意象操作練習

集中專注力的最後一個步驟，是讓腦中所描繪的事物動起來。這個步驟做得越正確，越能順利進入到專注的狀態。

鍛鍊前額葉皮質以提升專注力

意象操作技巧

本書練習題培養的主要是「空間認知能力」，當中尤其關鍵的，正是讓腦中想像的事物動起來的能力。各位想必對藤井聰太棋士出色的將棋能力印象深刻，事實上「詰將棋」領域也同樣由他稱霸。所謂的詰將棋，是根據題目給出的將棋棋子配置，在大腦中思考如何移動棋駒，最終將死對手的王將，可以說類似一種將棋的拼圖。

截至2019年為止，當時還是學生的藤井棋士，在詰將棋大賽已蟬聯五連霸，優異的成績凸顯了他驚人的意象操作能力。

正如本書開頭所述，大腦內操縱想像事物的「意象操作技巧」發揮作用時，等同專注力控制塔台——大腦「前額葉皮質」也變得十分活躍。換句話說，訓練「意象操作技巧」必然可同步鍛鍊到前額葉皮質，進而提升專注力。

東京大學的池谷裕二教授表示，提升「意象操作技巧」不但能培養如數學解題般，將一個問題刨根究底的「垂直思考」能力，還能增進可激發想像力引發聯想，激盪出許多點子的「水平思考」能力。

垂直思考又稱為邏輯性思考，在考量多個課題的優先順序時，得以有效發揮功用，這種能力也被運用在意象空間裡的圖像思考。水平思考則會在人們運用「圖像記憶技巧」提取相關記憶時，有效發揮其功用。

「意象操作技巧」一經鍛鍊，可衍生出專注力這項加乘效果。請一起以有趣的練習學會「意象操作技巧」，鍛鍊出終極專注力吧！

〈 找出翻轉圖像 〉

**下圖之中有 3 個字母被鏡面翻轉，
請將它們找出來。**

例題

解答

J・Q・S

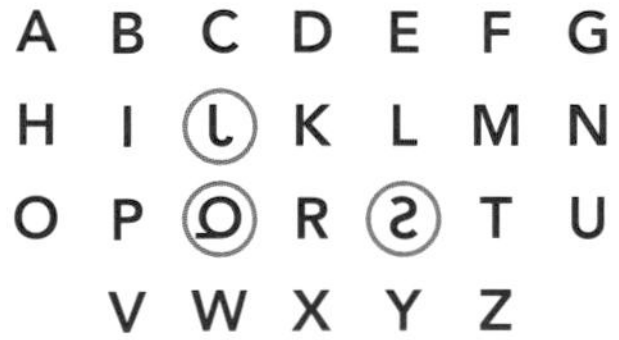

意象操作 2

〈 圖形拼圖 〉

7片板子組成一個正方形（七巧板）。
以下黑色圖形是由七巧板拼組而成，請畫線拆解其正確拼法。

例題

七巧板 〉〉〉

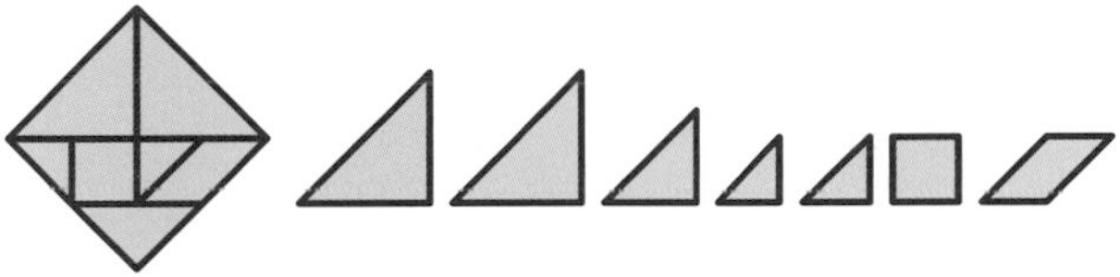

- 三角形
  （大2片、中1片、小2片）
- 正方形1片
- 平行四邊形1片

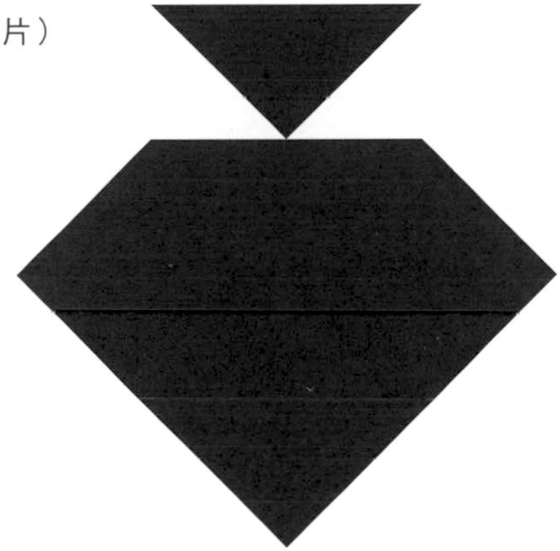

解答例

只要圖形符合，排列組合不同也OK。

意象操作 1-①

找出翻轉圖像

請找出圖中被鏡面翻轉的數字。

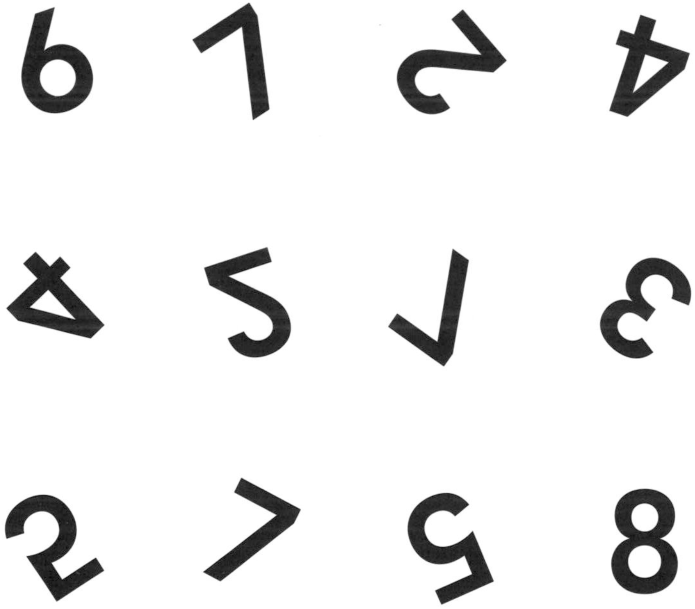

意象操作

1-②

找出翻轉圖像

請找出5個被鏡面翻轉的注音符號。

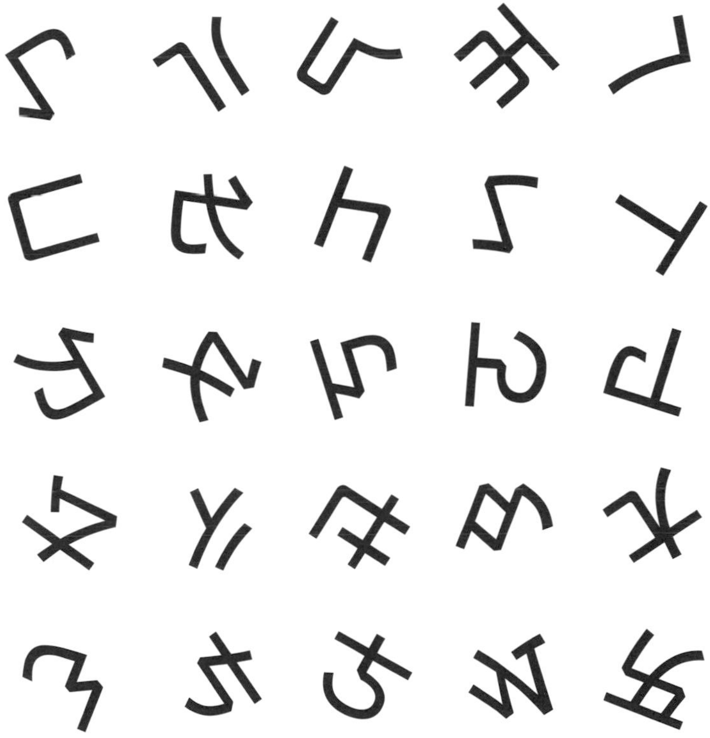

找出翻轉圖像

每一列Ⓐ～Ⓓ之中都有1個字母被鏡面翻轉，請將它找出來。

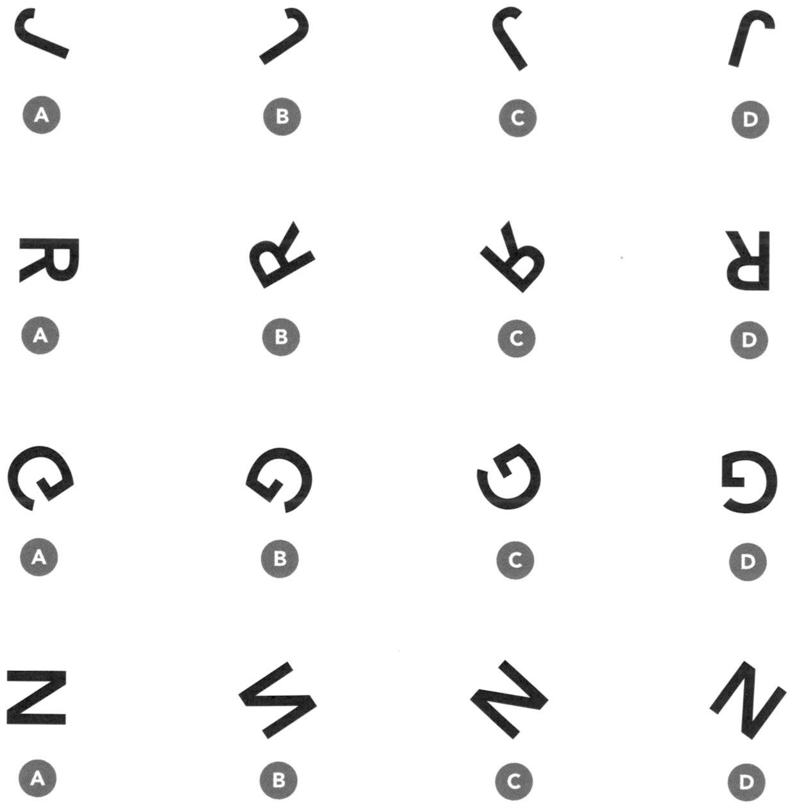

找出翻轉圖像

每一列Ⓐ～Ⓓ之中都有1個圖形被鏡面翻轉，請將它找出來。

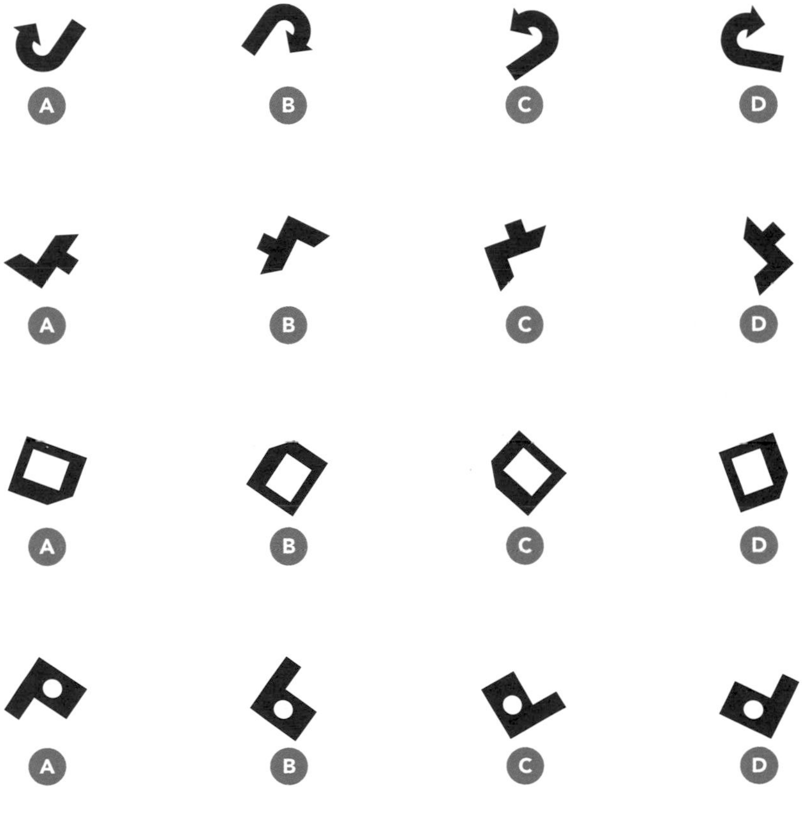

圖形拼圖

以下黑色圖形是由七巧板拼組而成，
請畫線拆解其正確拼法。

七巧板 ›››

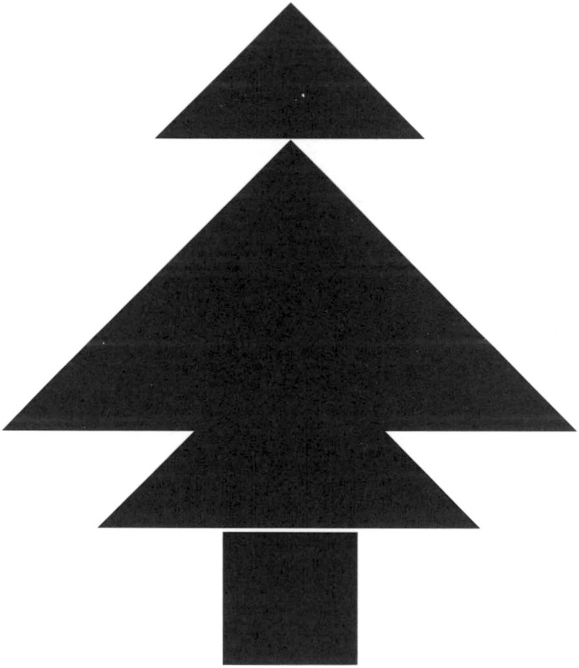

意 象 操 作

2-②

圖形拼圖

以下黑色圖形是由七巧板拼組而成，
請畫線拆解其正確拼法。

七 巧 板 ›››

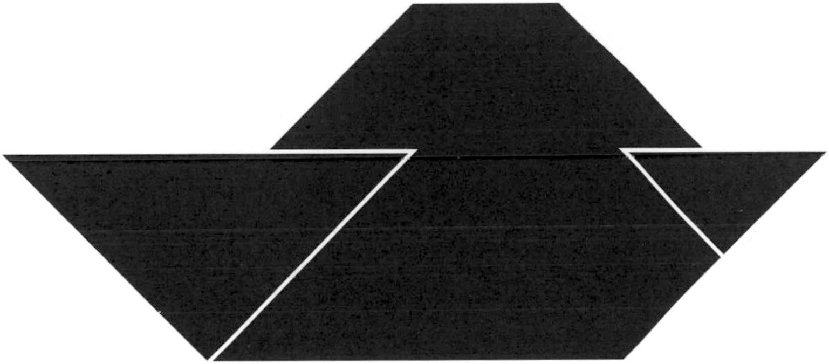

圖形拼圖

以下黑色圖形是由七巧板拼組而成，
請畫線拆解其正確拼法。

七巧板 ›››

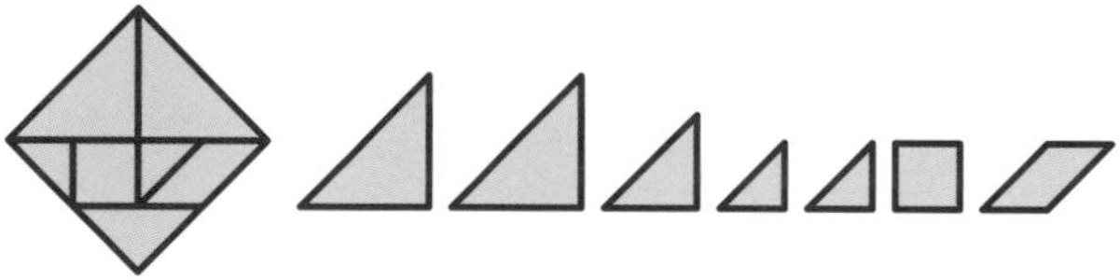

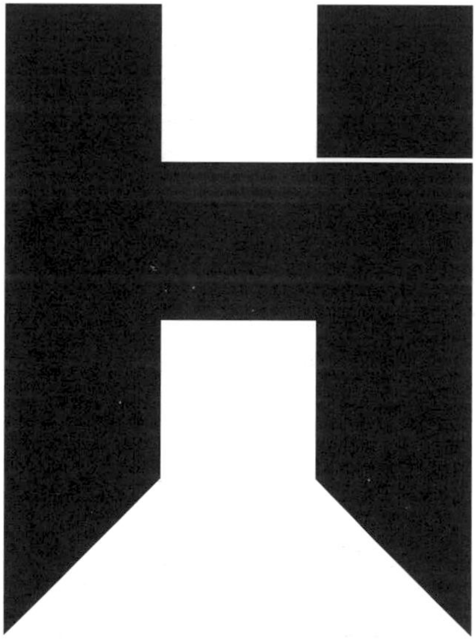

圖形拼圖

以下黑色圖形是由七巧板拼組而成，
請畫線拆解其正確拼法。

七巧板 >>>

❶

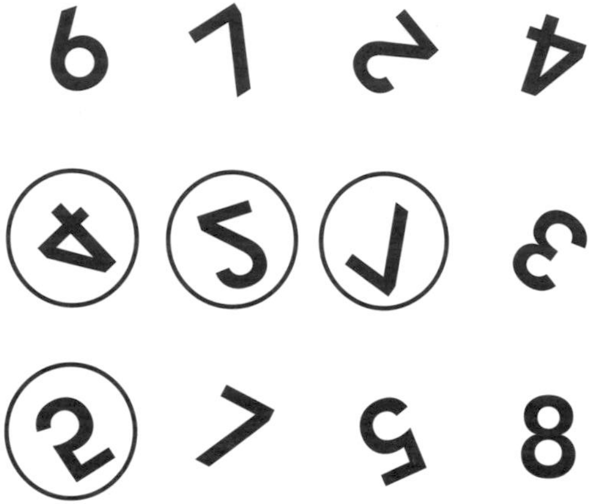

❷

解答

3

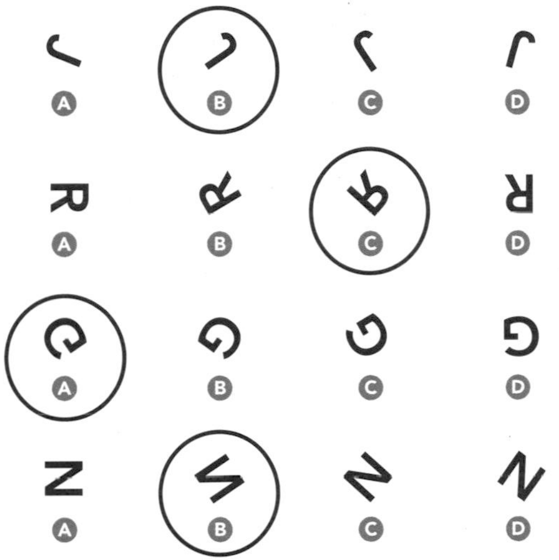

4

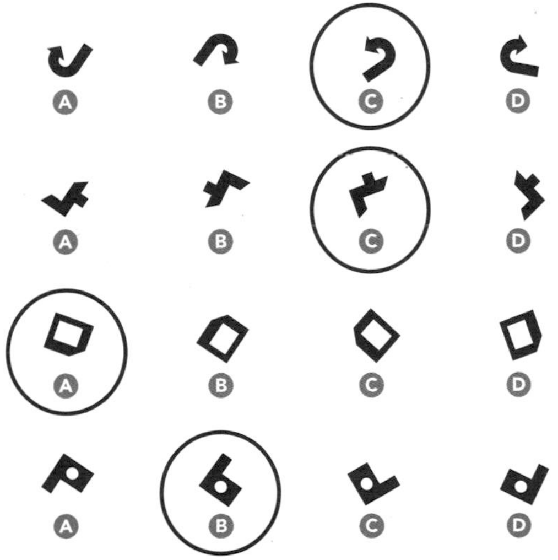

意象操作 2

❶

❷

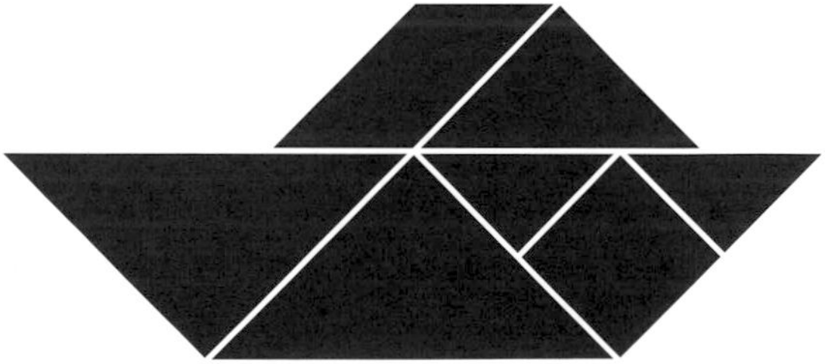

❸

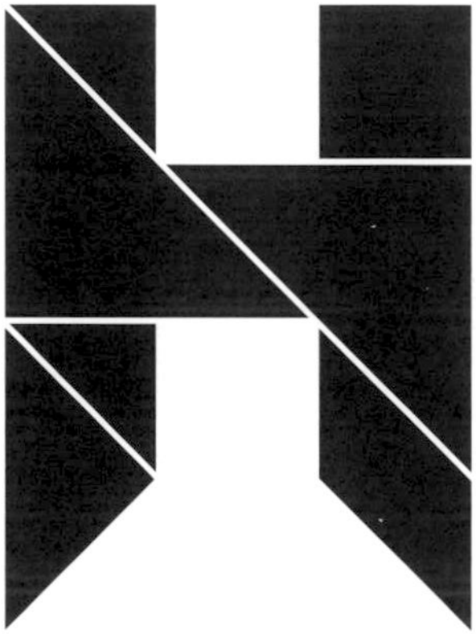

❹

※❶～❸ 即使左右組合相反也是正確答案。

1 分鐘正念練習

4

1. 端坐在椅子上讓脊柱伸直拉長。
2. 設定計時 1 分鐘，緩緩地從鼻子吸氣，嘴巴吐氣。
3. 請從周遭聽得見的環境音當中擇一，持續將意識帶往那個聲音，直到計時結束為止。
4. 過程中即使意識跑到其他地方，請記得將意識再一次帶回到你選定的環境音上。

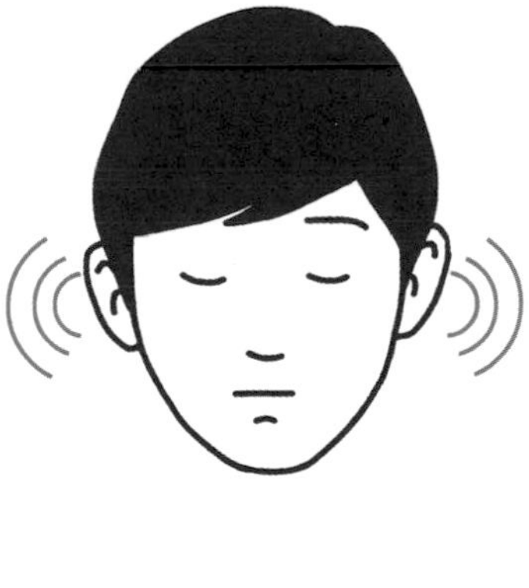

〈 分割國字 〉

某個國字被切分成四等分，想一想是哪個字？

例題

解答 山

〈 翻轉圖形 〉

下列平面圖跟立方體在經過翻轉後，會變成什麼形狀？

例題

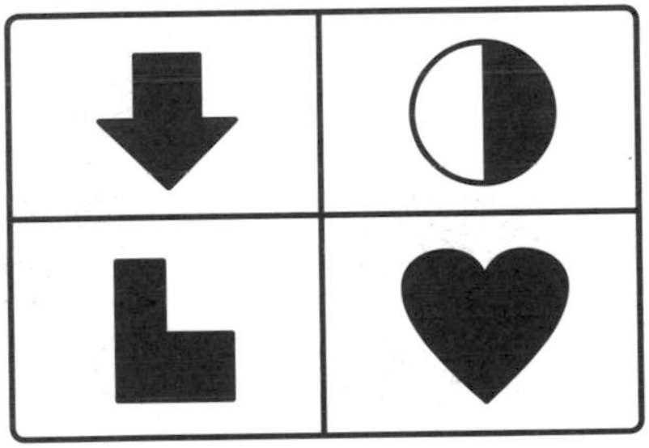

順時針180度旋轉

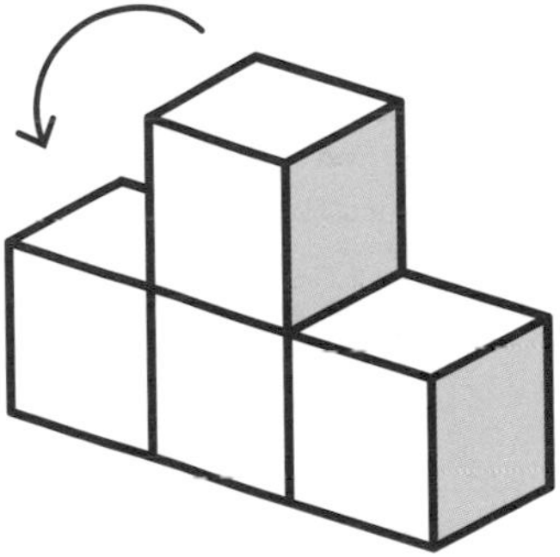

沿著箭頭方向90度旋轉

解答

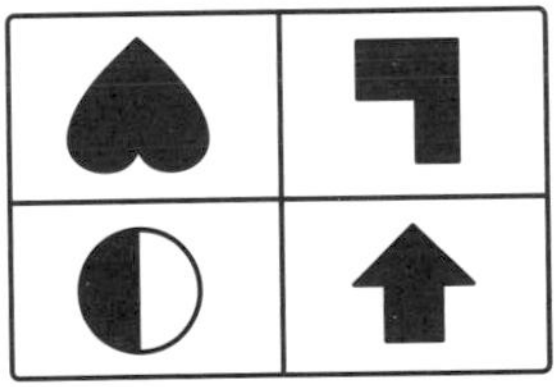

解答

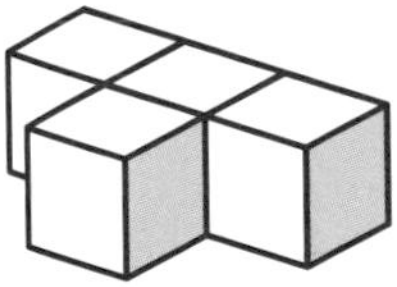

分割國字

某個國字被切分成三等分，想一想是哪個字？

分割國字

某個國字被切分成四等分，想一想是哪個字？

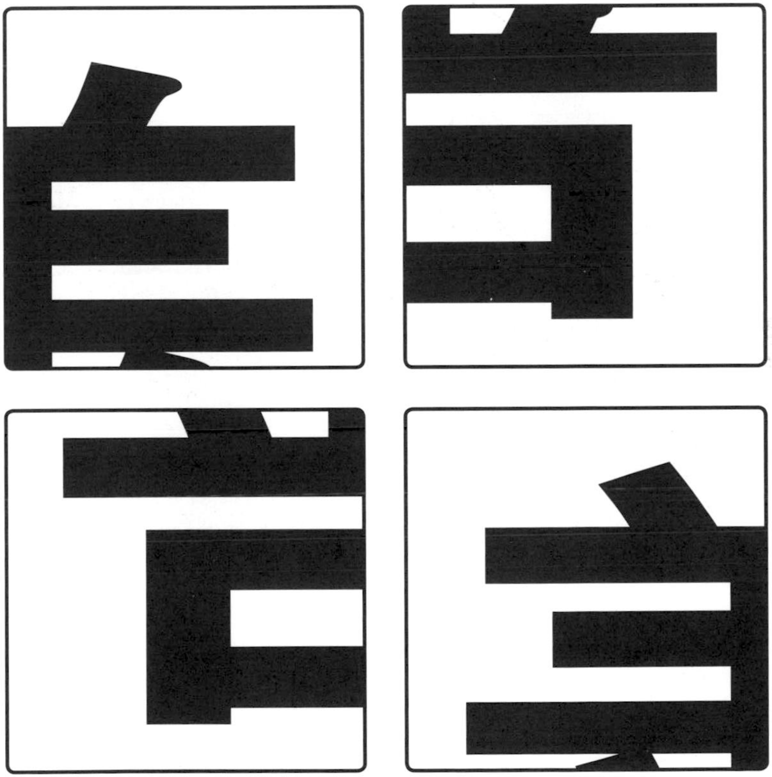

分割國字

某個國字被切分成四等分，想一想是哪個字？

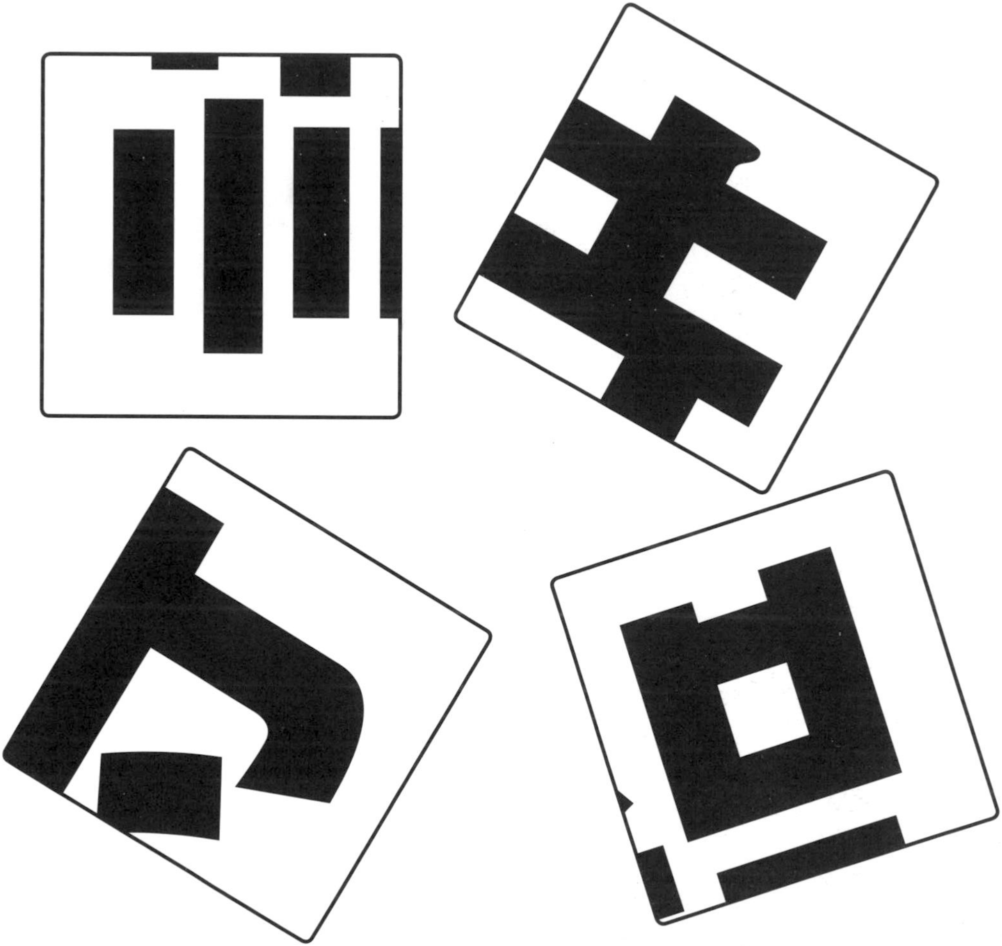

分割國字

請將這5個國字排列組合成一個雙字詞（2個字）。

心	日

谷	欠	立

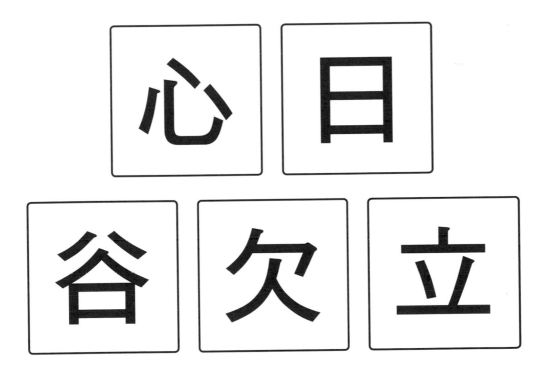

翻轉圖形

圖Ⓐ～Ⓓ四組圖當中，請問哪一組圖形即使在順時針旋轉後，
也不會得到相同形狀？

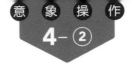

翻轉圖形

將下圖順時針旋轉180度後，會得到下列哪個圖形？

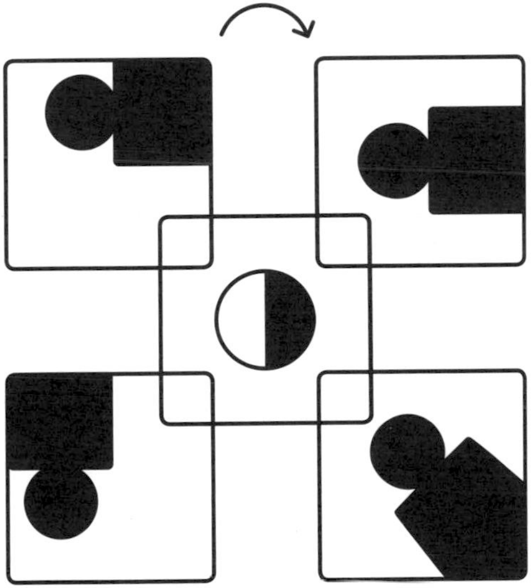

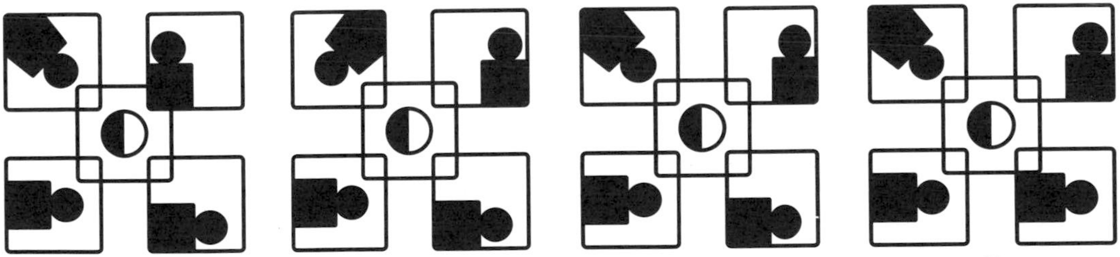

A B C D

翻轉圖形

下圖立方體向前旋轉90度後，會是Ⓐ～Ⓒ哪一個圖形？

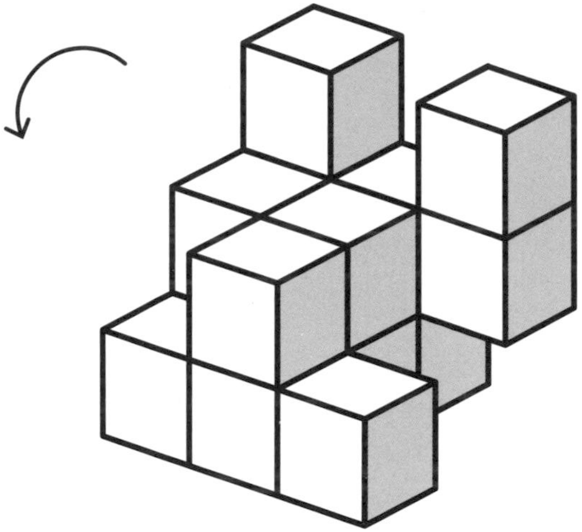

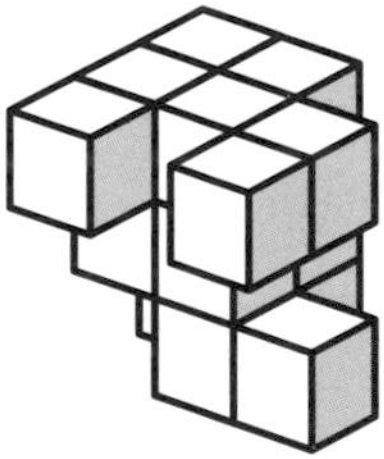

Ⓐ

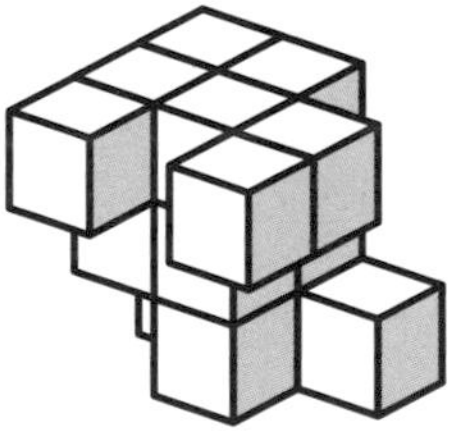

Ⓑ

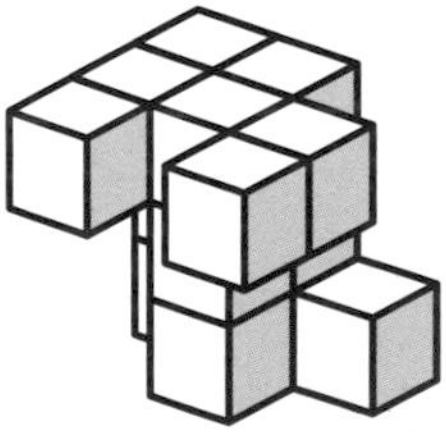

Ⓒ

意 象 操 作

4-④

難題

翻轉圖形

下圖立方體向前旋轉90度後，會是A～D哪一個圖形？

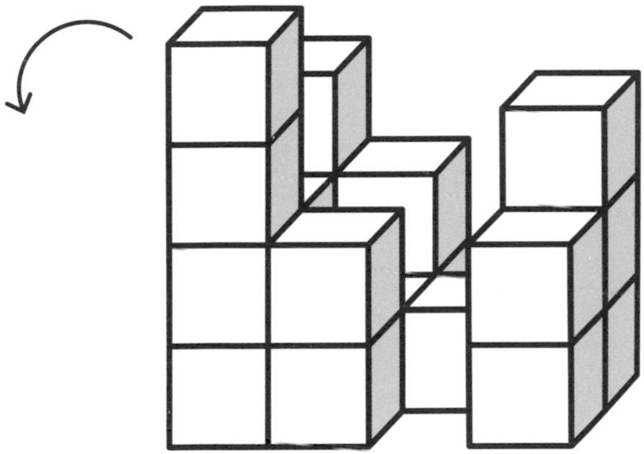

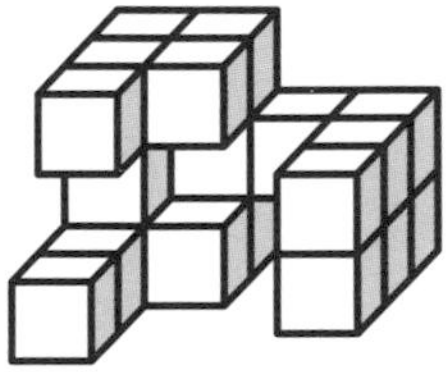

A

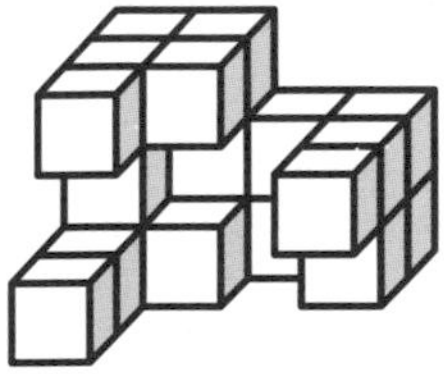

B

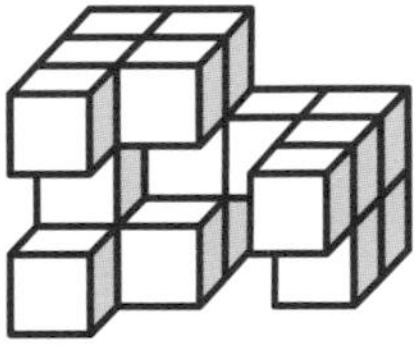

C

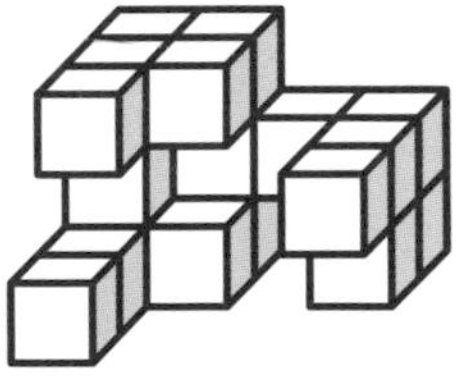

D

❶

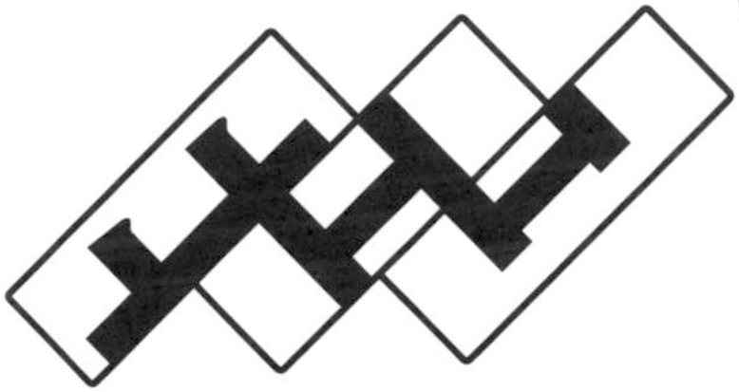

甘

❷

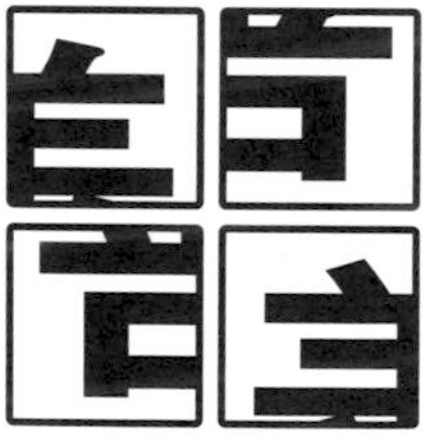

善

❸

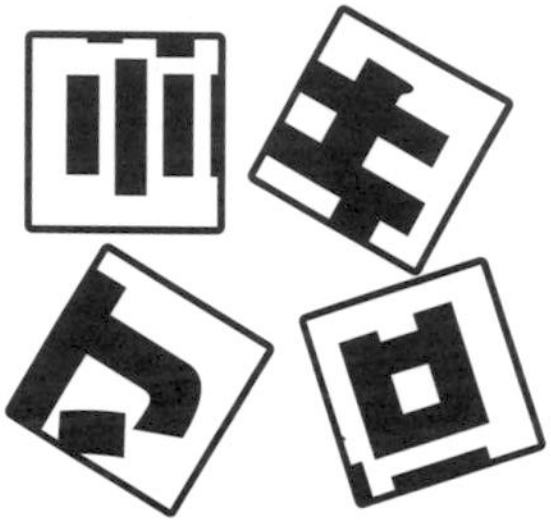

詩

❹

立 日 心 谷 欠

意欲

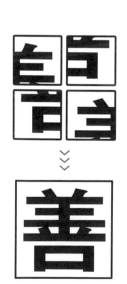

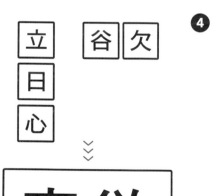

1

C

2

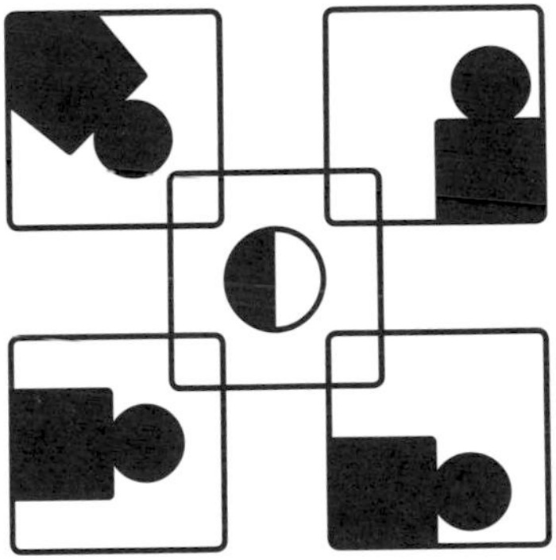

C

3

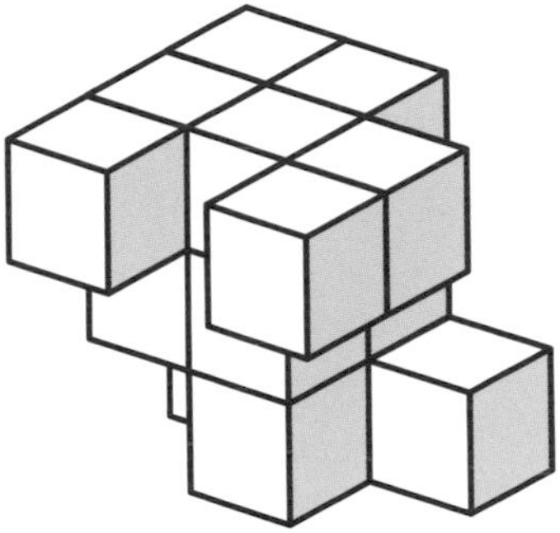

B

4

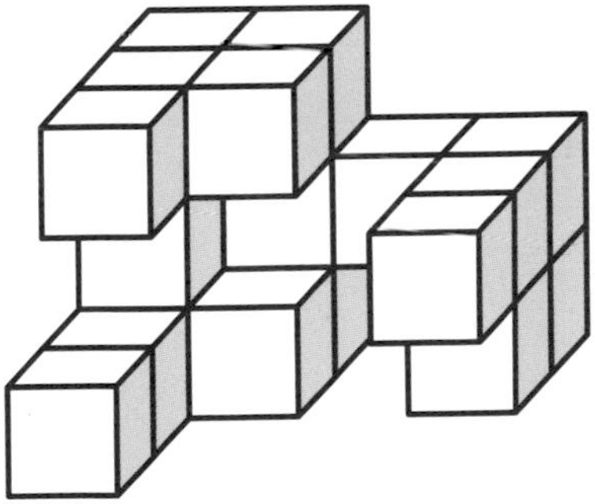

D

〈 合併圖形 〉

2組方塊從左右往中間合併後的形狀，
會是ⒶⒷⒸ之中哪一個？

例題

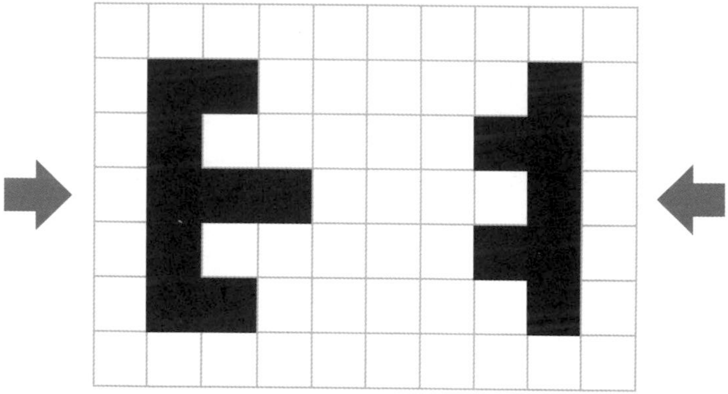

解答

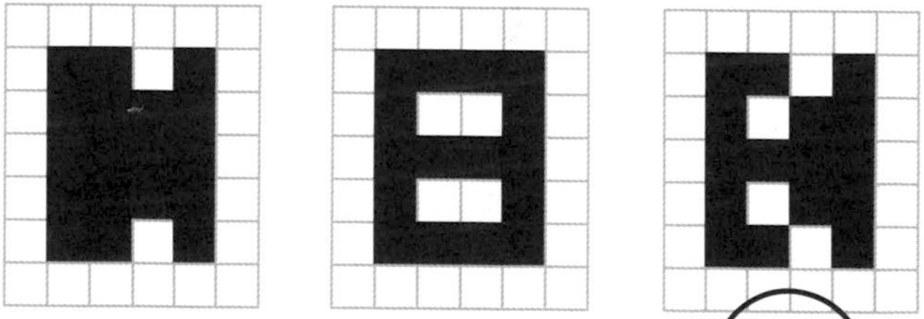

Ⓐ Ⓑ Ⓒ

意 象 操 作
5-①

合併圖形

2組方塊從左右往中間合併後，會變成ⒶⒷⒸ之中哪一個形狀？

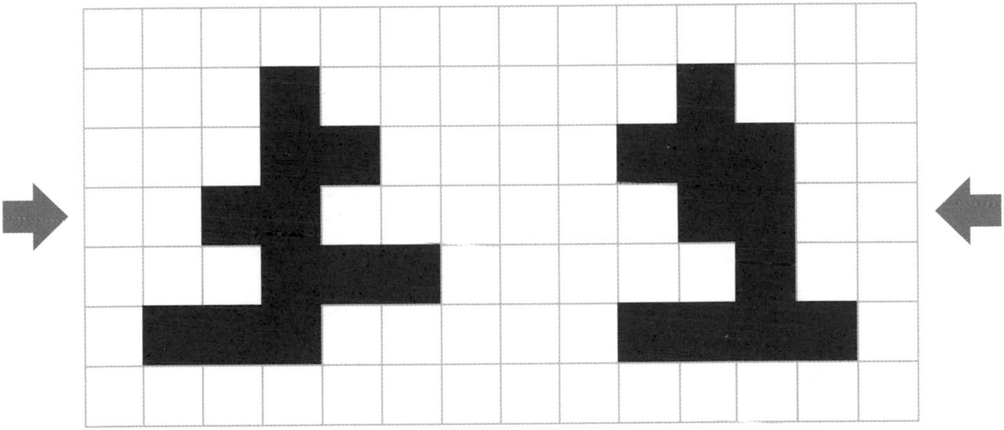

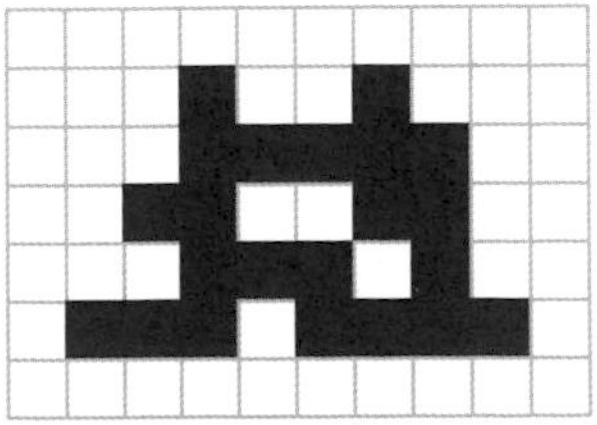

A

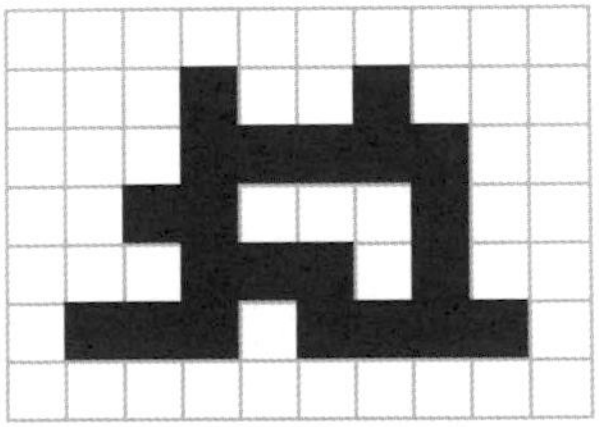

B

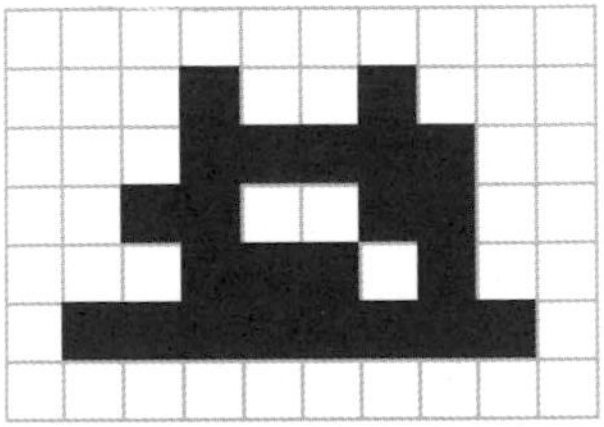

C

合併圖形

2組方塊從左右往中間合併後，會變成ⒶⒷⒸ之中哪一個形狀？

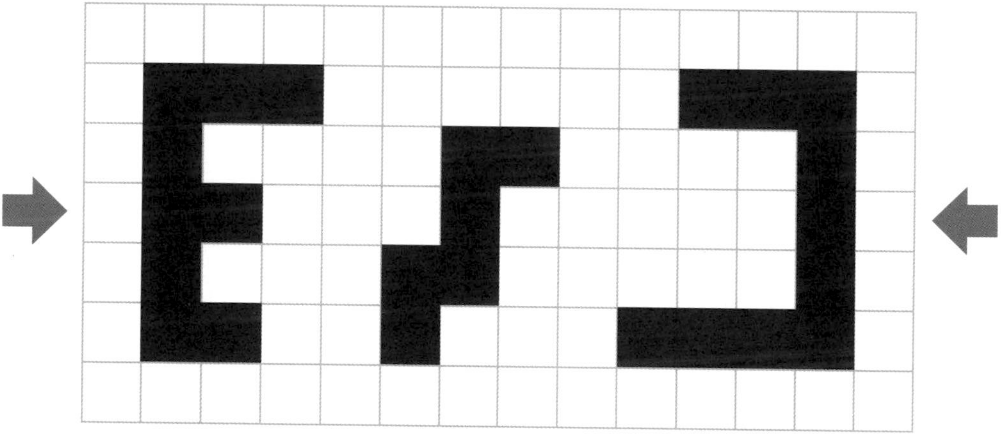

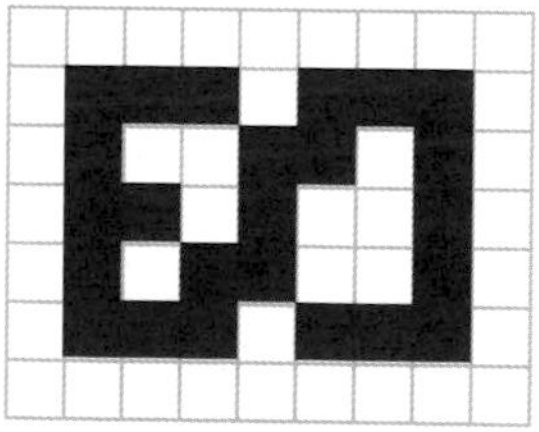

Ⓐ

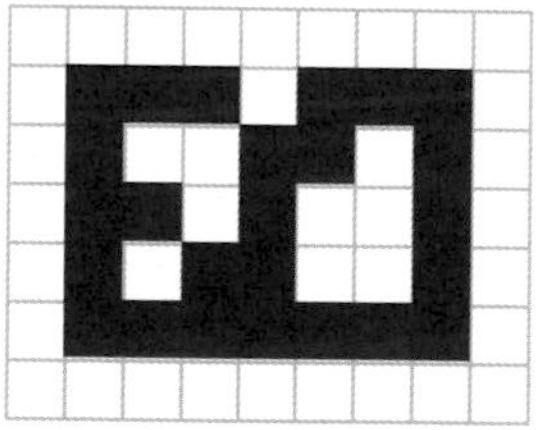

Ⓑ

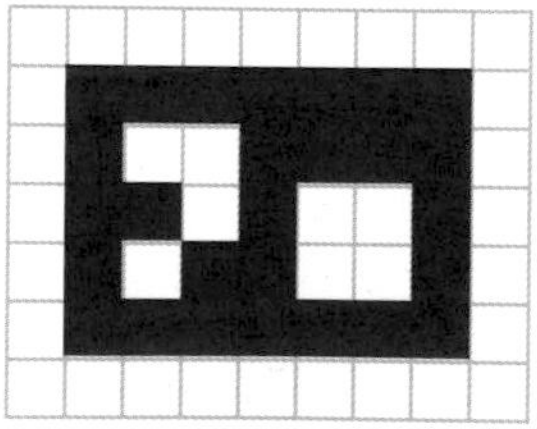

Ⓒ

合併圖形

方塊從上往下直線落下，堆疊起來會變成ⒶⒷⒸ之中的哪一個形狀？

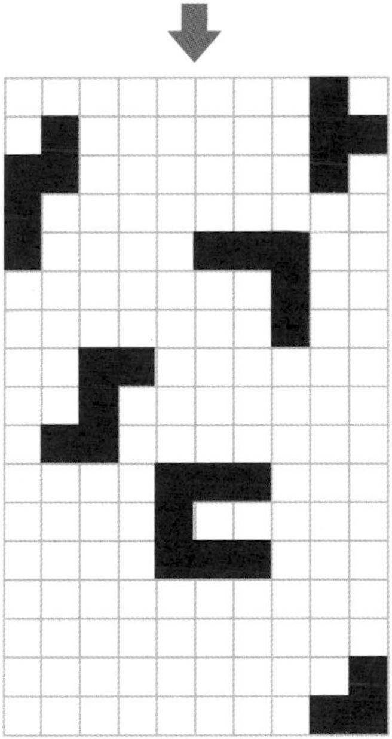

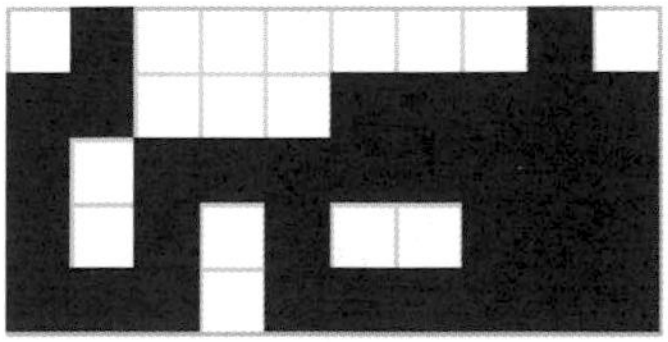

Ⓐ

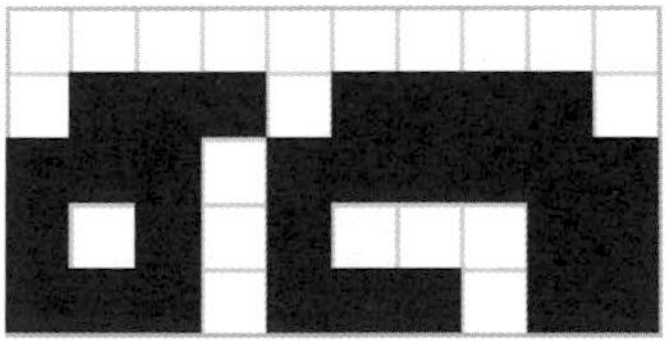

Ⓑ

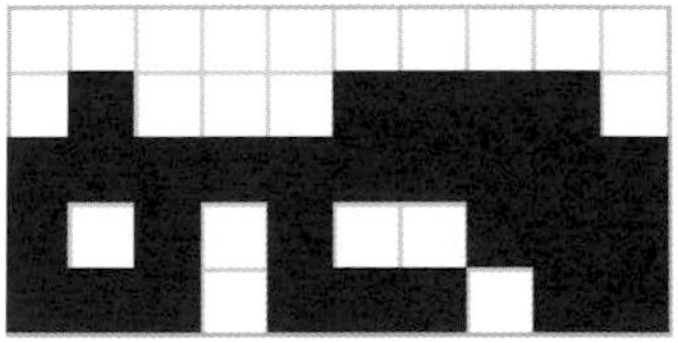

Ⓒ

意象操作

5-④

難題

合併圖形

四組方塊從上下左右往中間合併後，

會變成ⒶⒷⒸ之中哪一個？

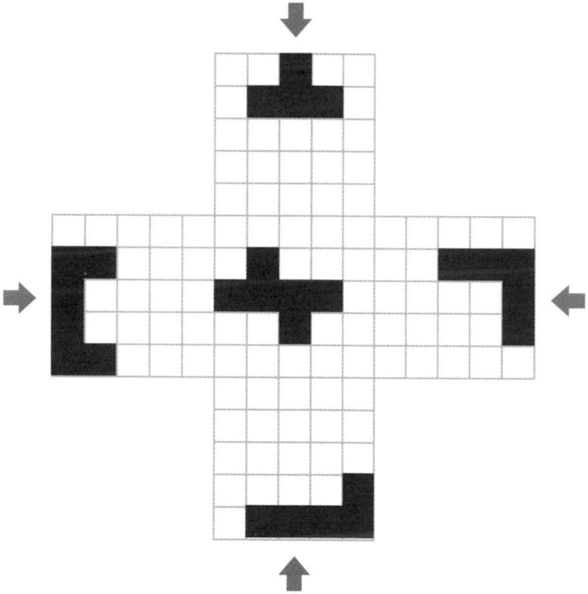

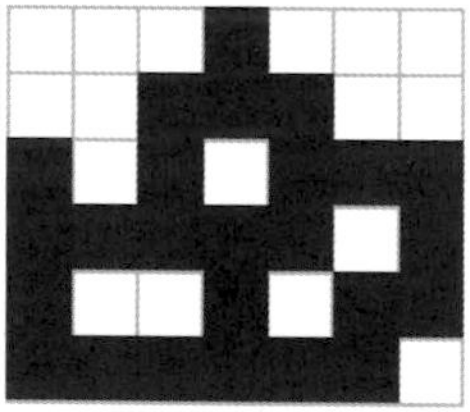

Ⓐ

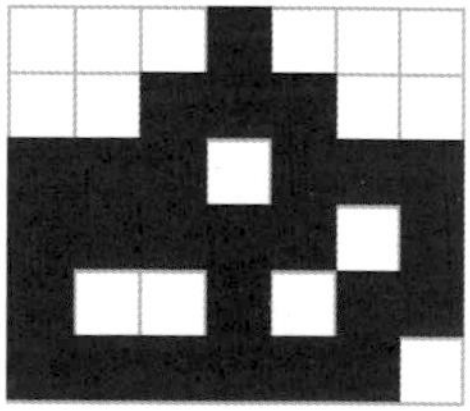

Ⓑ

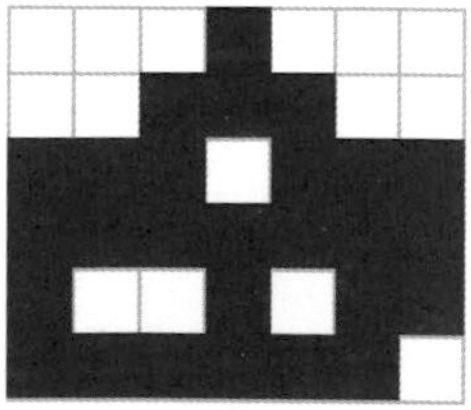

Ⓒ

合併圖形

四個方位的立方體往中間合併後，會變成ⒶⒷⒸ之中哪一組立方體？

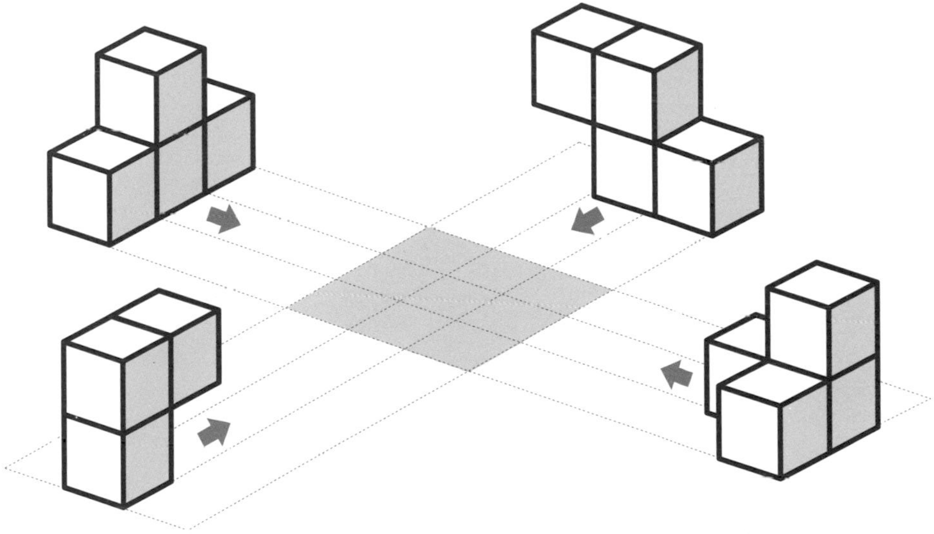

Ⓐ Ⓑ Ⓒ

解答

1

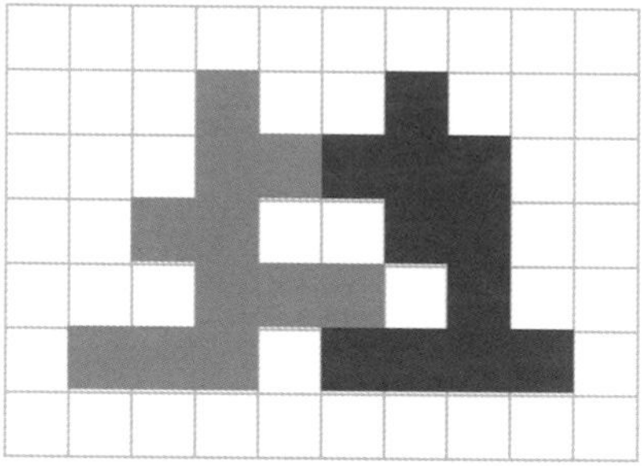

A

2

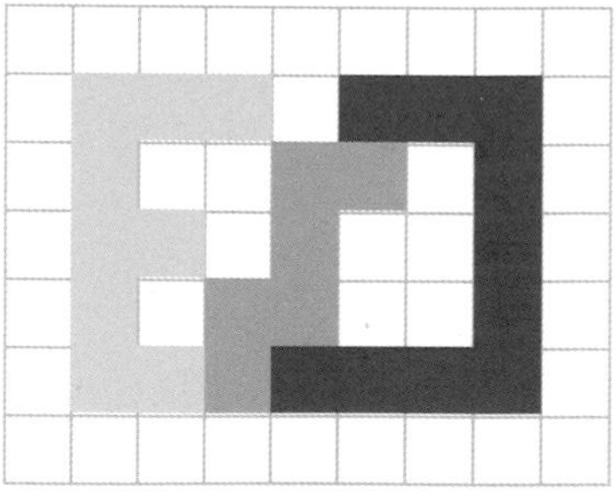

B

3

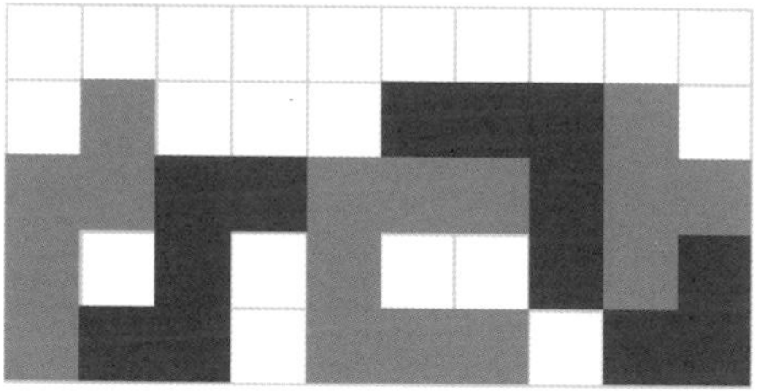

C

4

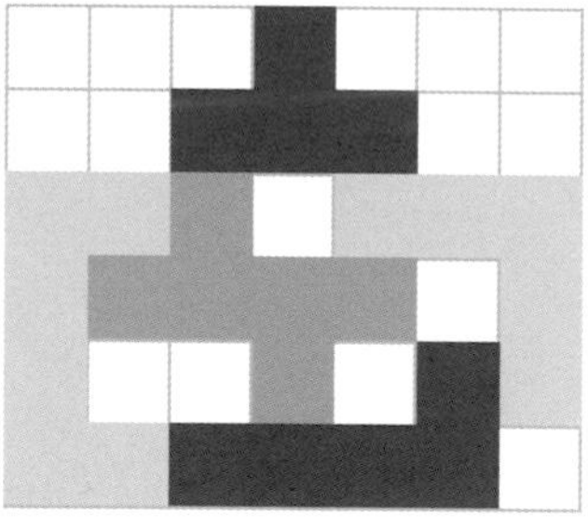

B

5

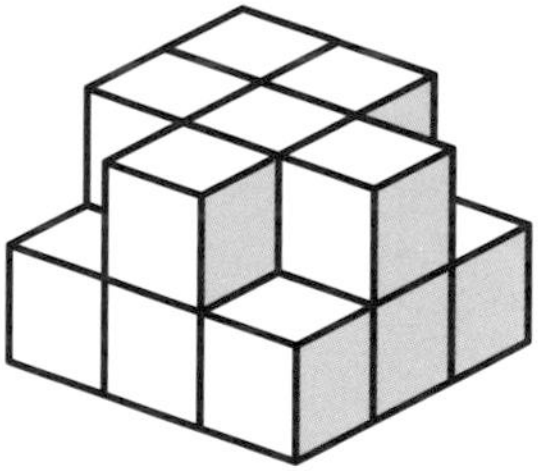

C

專注力專欄

養成專注體質

我想無論是誰，人人都希望在學習、工作或運動領域上儘可能發揮最佳表現。要實現這個願望需要的是高度的專注力。

本書開頭曾稍微提及專注力的概念之一，那便是來自於心理學家米哈里・契克森米哈伊（Mihaly Csikszentmihalyi）所提出的心流理論。他將「高度專注」的狀態稱之為「心流」，進入心流狀態後，無論做什麼都能夠事半功倍，超越平時的表現。

看到這裡不禁令人好奇，究竟怎麼做才能順利進入到心流狀態？然而，進入心流之所以困難抑或難得其心法，在於所有人皆遍尋不著一種一鍵切換「只要做了、就可以馬上進入心流」的方法。截至目前為止最好的辦法，仍是反覆練習集中專注力，練到「意象空間」操縱自如的程度，才能有助於加速進入到心流狀態。

正如我剛才所說，這個世界上雖然不存在一鍵切換的神奇按鍵，但仍然有幾個能養成容易進入心流體質的好辦法。

首先是挑戰比自己目前實力、難度稍微高一點點的練習。太困難或太簡單的都行不通，必須要反覆練習難易度恰到好處的題目才有效果。根據哈佛大學班森博士研究顯示，進入到心流狀態前會面臨「掙扎奮鬥」及「解脫釋放」的階段。

「掙扎奮鬥」聽起來雖然有點讓人退縮，但這裡指的是心情上壓力調整至恰到好處的緊張狀態；「解脫釋放」意指從一度升高的緊張狀態緩解釋放，暫時從該面對的課題轉移注意力，並創造出一種輕鬆的狀態。

由此我們得知，如果事先在腦中演練逼真度堪比正式上場的意象訓練，施加壓力創造一點緊張感，應該會是個不錯的方式。

等時間來到正式上場前一週，這時候就請完全別再去想正式上場的事，那幾天只需要輕鬆過日子就好。這一週請從「掙扎奮鬥」模式，切換到「解脫釋放」模式，幫助自己準備好進入容易集中專注力的狀態。

Appendix（附錄）

專注力拼圖

方法與意象操作練習 2（108 頁）相同，都是在腦中移動拼圖、並拼貼成題目指定的圖形，增進「意象空間」的操作技巧。儘管憑空練習對提升專注力的效果很棒，但實際動手拼組的同時，也同步活用了「意象空間」。此外，透過手腦並用亦能刺激喚醒大腦功能。請讀者動手剪下附錄的厚紙板拼圖，挑戰完成 20 組專注力拼圖吧！開心享受拼圖之樂的同時，也能輕鬆養成專注力。

1

2

3

4

5

6

7

8

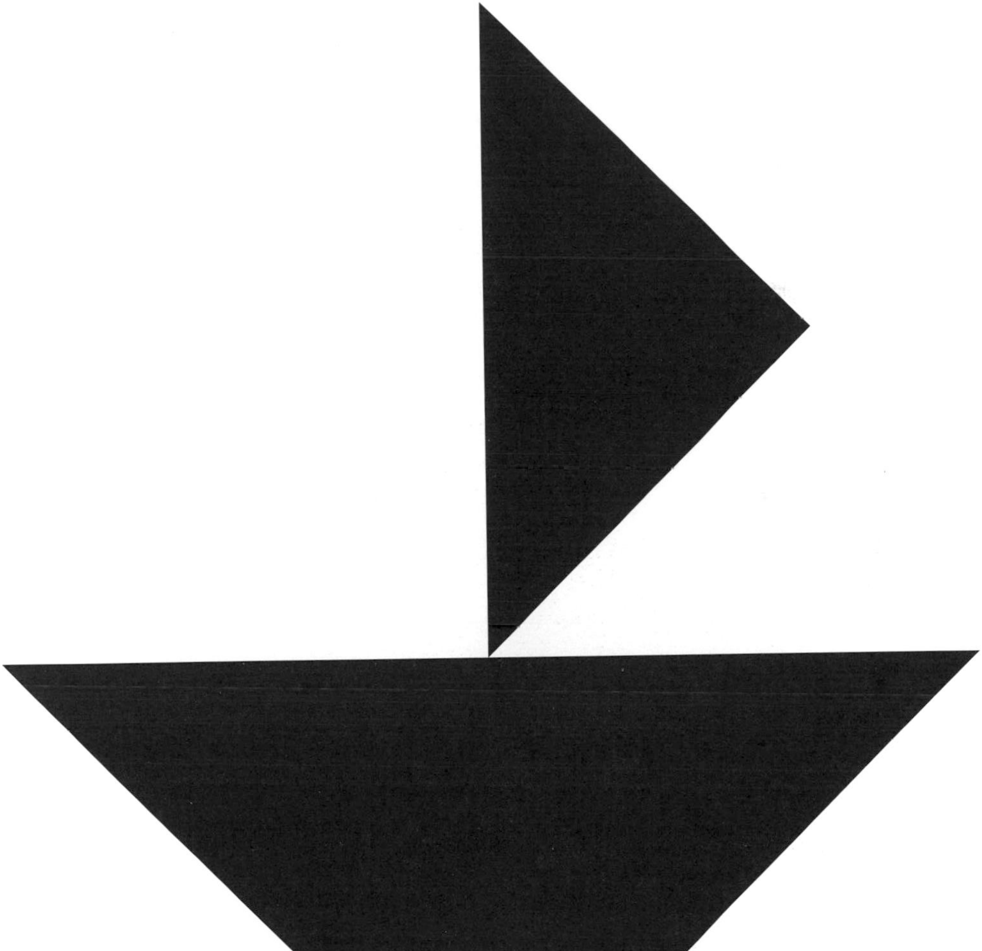

9

10

11

12

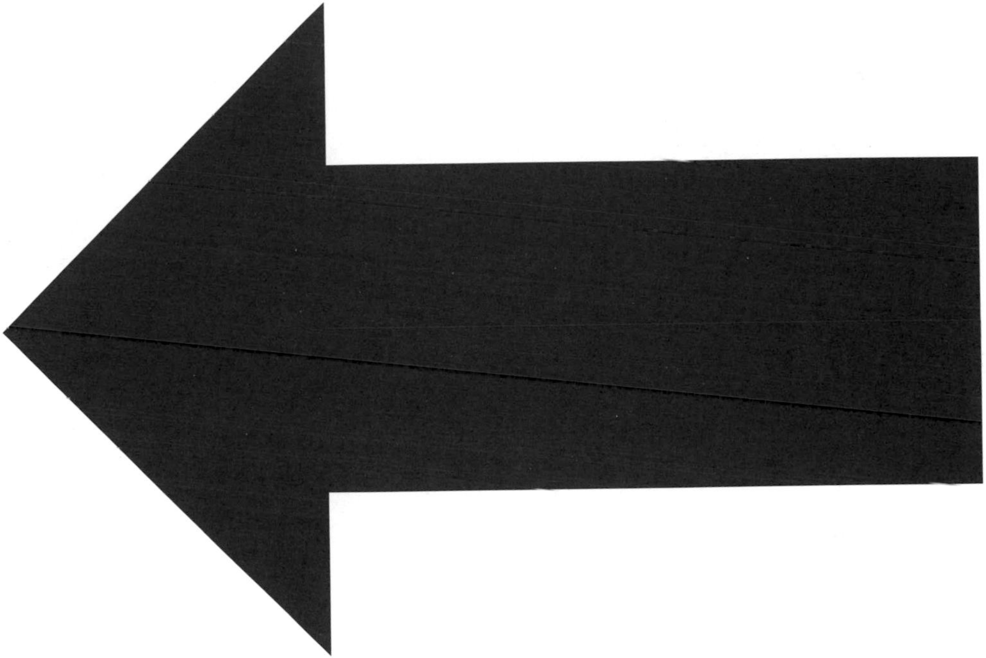

13

14

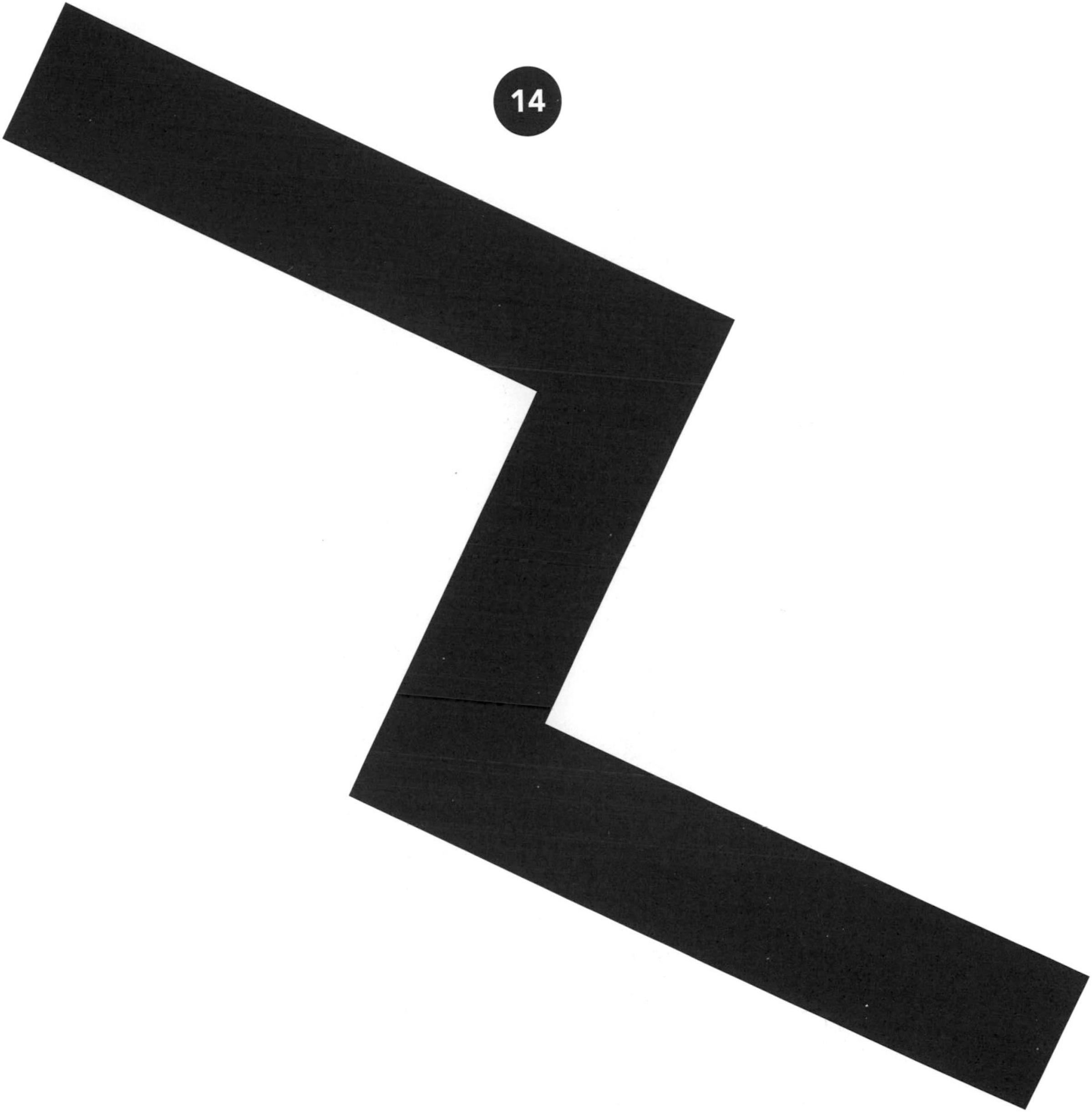

15

16

17

18

[redacted]

19

20

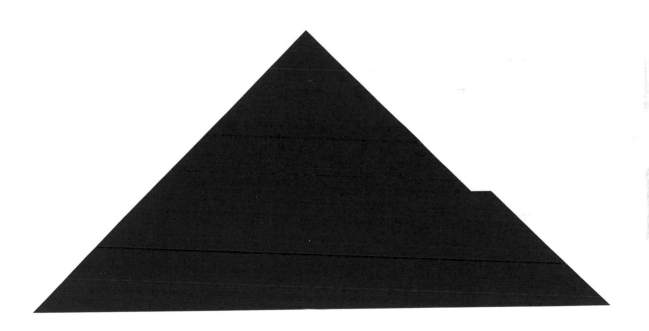

解答

只要圖形相符，排列組合不同也OK。

1
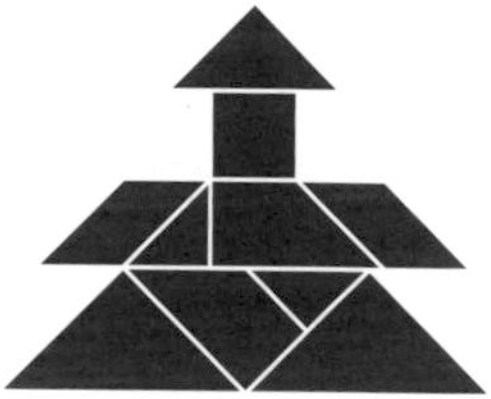

2

3

4

5

6

7

8

9

10
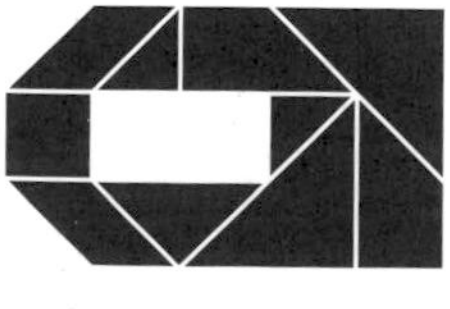

解答

只要圖形相符，排列組合不同也OK。

11

12

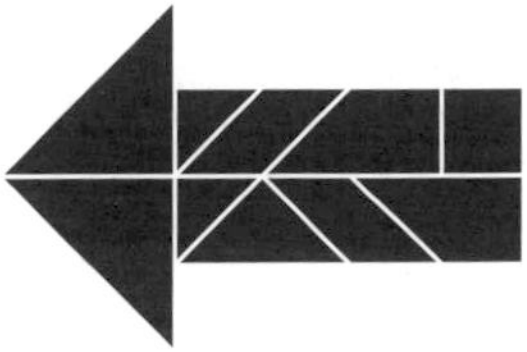

13

14

15

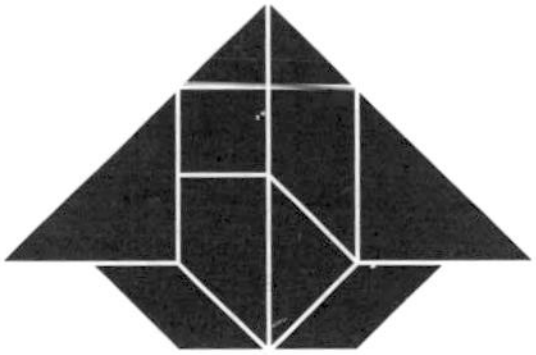

16

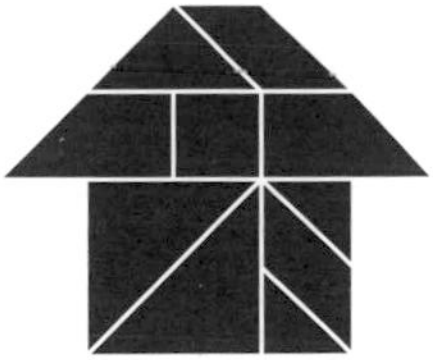

17

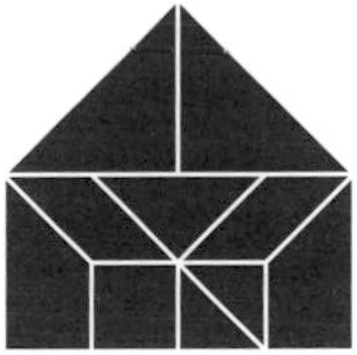

18

19

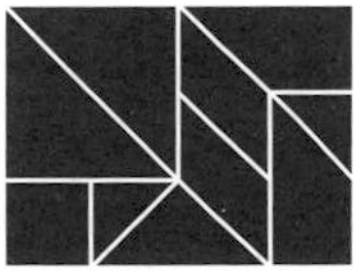

20

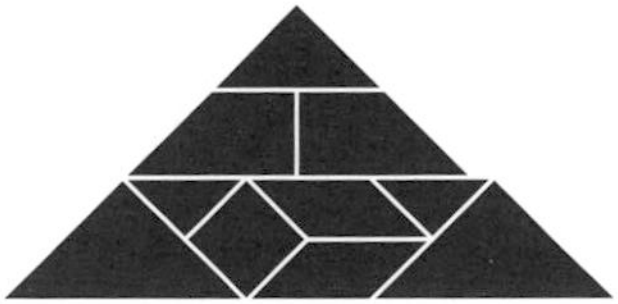

大腦開發．每天1分鐘專注力鍛鍊

作者池田義博
譯者呂盈璇
主編唐德容
責任編輯周麗淑
封面設計羅婕云
內頁美術設計李英娟

執行長何飛鵬
PCH集團生活旅遊事業總經理暨社長李淑霞
總編輯汪雨菁
行銷企畫經理呂妙君
行銷企劃專員許立心

出版公司
墨刻出版股份有限公司
地址：台北市104民生東路二段141號9樓
電話：886-2-2500-7008／傳真：886-2-2500-7796
E-mail：mook_service@hmg.com.tw

發行公司
英屬蓋曼群島商家庭傳媒股份有限公司城邦分公司
城邦讀書花園：www.cite.com.tw
劃撥：19863813／戶名：書虫股份有限公司
香港發行城邦（香港）出版集團有限公司
地址：香港灣仔駱克道193號東超商業中心1樓
電話：852-2508-6231／傳真：852-2578-9337
城邦（馬新）出版集團 Cite (M) Sdn Bhd
地址：41, Jalan Radin Anum, Bandar Baru Sri Petaling,
57000 Kuala Lumpur, Malaysia.
電話：(603)90563833 ／
傳真：(603)90576622 ／E-mail：services@cite.my

製版．印刷漾格科技股份有限公司
ISBN978-986-289-776-8．978-986-289-782-9（EPUB）
城邦書號KJ2093 **初版**2022年11月
定價360元
MOOK官網www.mook.com.tw
Facebook粉絲團
MOOK墨刻出版 www.facebook.com/travelmook

國家圖書館出版品預行編目資料

大腦開發.每天1分鐘專注力鍛鍊/池田義博作；呂盈璇譯. -- 初版. -- 臺北市：墨刻出版股份有限公司出版：英屬蓋曼群島商家庭傳媒股份有限公司城邦分公司發行, 2022.11
160面；18.2×18.2公分. -- (SASUGAS ;93)
譯自：勝手に集中力がつく1 分ドリル
ISBN 978-986-289-776-8(平裝)
1.CST: 記憶 2.CST: 注意力
176.3 111016610